POLÍTICAS PÚBLICAS E AÇÕES AFIRMATIVAS

CIP-BRASIL. CATALOGAÇÃO NA PUBLICAÇÃO
SINDICATO NACIONAL DOS EDITORES DE LIVROS, RJ

F748p

Fonseca, Dagoberto José
  Políticas públicas e ações afirmativas / Dagoberto José Fonseca. - 2. ed. rev. atual. - São Paulo : Summus, 2024.
  160 p. ; 18 cm. (Consciência em debate ; 1)

  Inclui bibliografia
  ISBN 978-85-8455-011-1

  1. Programas de ação afirmativa - Brasil. 2. Políticas públicas - História. 3. Igualdade. 4. Discriminação racial. 5. Negros - Brasil. I. Título. II. Série.

24-91696
CDD: 320.60981
CDU: 316.334.3

Gabriela Faray Ferreira Lopes - Bibliotecária - CRB-7/6643

www.selonegro.com.br

Compre em lugar de fotocopiar.
Cada real que você dá por um livro recompensa seus autores
e os convida a produzir mais sobre o tema;
incentiva seus editores a encomendar, traduzir e publicar
outras obras sobre o assunto;
e paga aos livreiros por estocar e levar até você livros
para a sua informação e o seu entretenimento.
Cada real que você dá pela fotocópia não autorizada de um livro
financia um crime
e ajuda a matar a produção intelectual de seu país.

POLÍTICAS PÚBLICAS E AÇÕES AFIRMATIVAS

Dagoberto José Fonseca

Consciência em debate

POLÍTICAS PÚBLICAS E AÇÕES AFIRMATIVAS
Copyright © 2009, 2024 by Dagoberto José Fonseca
Direitos desta edição reservados para Summus Editorial

Editora executiva: **Soraia Bini Cury**
Coordenadora da coleção: **Vera Lúcia Benedito**
Revisão: **Mariana Marcoantonio**
Capa e projeto gráfico: **Gabrielly Silva/Origem Design**
Diagramação: **Natalia Aranda**

Selo Negro Edições
Departamento editorial
Rua Itapicuru, 613 — 7º andar
05006-000 — São Paulo — SP
Fone: (11) 3872-3322
http://www.selonegro.com.br
e-mail: selonegro@selonegro.com.br

Atendimento ao consumidor:
Summus Editorial
Fone: (11) 3865-9890

Vendas por atacado:
Fone: (11) 3873-8638
e-mail: vendas@summus.com.br

Impresso no Brasil

Gratidão

De início, agradeço às deusas e aos deuses da África antiga e do menino Deus que cresceu em suas ruas. Eles me deram a vida neste solo cheio de problemas e de dificuldades para nascer, viver e morrer. Sou grato pelo fato de ser um africano brasileiro e ter vivenciado a pandemia do coronavírus sem padecer física nem espiritualmente. Graças a Deus, carrego comigo a força vital do preexistente.

Agradeço a meus pais, a minha avó e a meus tios e tias. Eles me impulsionam em todas as direções mesmo que não tenham tido cordas para tal. Muitos são antepassados, "entepassados" que caminham comigo rumo ao futuro... Ao incerto.

Agradeço também à família que fiz nascer e a quem pude conceder minha seiva, minha sombra e meu hálito. Espero ser tão frondoso, grande e eterno como o baobá para esses seres maravilhosos que nasceram de mim: Aisha Beatriz, Hamadi José e Ana Rosa. A eles, minha gratidão e meu amor eterno.

Agradeço a todas as pessoas que cruzaram o meu caminho, por me curarem e dizerem quem eu era quando, na caminhada, me perdi e cheguei a um beco escuro, mas não sem saída. Elas me reconduziram à infância, me ajudaram a fazer da queda memórias de como me levantar. Trouxeram as melodias e as canções para que eu dormisse leve e acordasse pleno. Não me deixaram sozinho. Estiveram comigo dia e noite, ainda que a distância por vezes existisse. Elas não se tornaram meras virtualidades, mas pessoas nobres e potentes que estiveram longe e perto do mesmo jeito, me dando aconchego. Sou grato a todas elas por me ensinarem que a nossa vida comum é feita de entregas, "paz-ciência" e tréguas, mas que também está prenhe de nossas guerras, revoltas que se instauram na nossa mente e na nossa carne, impacientes com a mudança que ainda não chegou.

Sou muito grato aos meus orientandos, orientandas e estudantes por terem contribuído para que eu chegasse até aqui cada vez melhor e maior. Vocês me fazem grande.

Agradeço à Selo Negro Edições por compreender que há um vasto caminho a seguir a fim de que possamos nos orgulhar de ser brasileiros e de ver através do espelho que somos todos humanos e da mesma espécie. E por possibilitar que esta obra reflita a ciência e a consciência de que somos todos afrodescendentes (racistas e antirracistas) de diferentes cores e traços fenotípicos, como a diversidade da fauna e da flora que nasceu de nossa mãe África.

Por fim, agradeço ao leitor. Leia este livro com a tranquilidade de que o amanhã é incerto, mas podemos tentar fazê-lo melhor do que o hoje se estivermos juntos, assumindo os nossos erros e os crimes cometidos por nossos antepassados brancos.

Sumário

Introdução 9

1. Políticas públicas para uns e para outros —
   O tempo da conquista territorial 15

2. A conquista dos nativos e da terra 19

3. Homens, mulheres e crianças d'África 33

4. Leis, decretos e constituições do Estado escravista
   luso e brasileiro — O negro como protagonista 49

5. As leis abolicionistas no bojo da resistência negra
   e popular 55

   A Lei Eusébio de Queirós 57
   A Lei do Ventre Livre 59
   A Lei dos Sexagenários 61
   A Lei Áurea 63

6. A República que não veio e a República que manteve o antes 75

7. Um Estado Novo, uma República Nova, mas a política é velha e de velhacos 87

8. Apagando o fogo com gasolina — Políticas sociais e ações afirmativas no Brasil do século XXI 99

9. As cotas e o Estatuto da Igualdade Racial — O debate em torno das políticas focadas 113

   As cotas nas universidades públicas 117
   A Lei n. 10.639, de 9 de janeiro de 2003 126
   O Estatuto da Igualdade Racial: expectativa *versus* realidade 128
   A Lei de Cotas 133

10. Concluindo um processo dinâmico — A história cobra seus mortos e quer atuar com os vivos 137

Bibliografia 149

Introdução

Em diversos momentos da nossa história, frases e ditos populares afirmam que os brasileiros não têm memória, esquecem facilmente o que se passou. Porém, tais frases e ditos não estão balizados na realidade efetiva, pois aqueles que sofrem não esquecem. Constantemente relembram os fatos passados, emocionam-se com a vitória e até mesmo com as derrotas que sofreram. O passado sempre nos acompanha, dando sinais de que o filtro do presente tende a modificar alguns aspectos, estabelecer nuanças, ampliar o foco e o ângulo de visão. No entanto, aqueles que sofrem percalços e prejuízos buscam sublimar os sofrimentos no presente a fim de guardar forças em decorrência da luta a ser enfrentada para um futuro mais promissor para si e seu grupo social.

Este livro visa demonstrar que o passado do Brasil não foi esquecido nem apagado: ele existe. Todavia, esse passado — plural e multifacetado — merece mais de uma interpretação, posto que as experiências pretéritas de quaisquer povos e países não podem ser vistas de um único prisma. Como nos disse Chimamanda Adichie (2019), há sempre o perigo de uma história única contada pelo mesmo agente. Nós vamos contar outras histórias: a do passado e a do tempo presente.

Pretendemos fazer aqui uma breve revisão da história brasileira para compreender as políticas públicas — do período da conquista territorial aos dias de hoje — de um ponto de vista não hegemônico. Essa interpretação nos permitirá fazer inferências e compreender parte das reivindicações de setores e grupos da sociedade brasileira, em particular os negros[1], que sempre buscaram a implementação de ações afirmativas no país.

É importante que apontemos desde já que o Estado brasileiro tem assinado acordos e compromissos internacionais de ação afirmativa. Como exemplo, podemos citar a convenção da Organização Internacional do Trabalho (OIT) que trata do combate às práticas discriminatórias e racistas no mercado de trabalho e no emprego (Convenção 111), ratificada pelo Brasil em 1964, e as resoluções da Conferência contra o Racismo, a Xenofobia e Outras Formas Correlatas de Discriminação, ocorrida em 2001 em Durban, na África do Sul.

Nesse mesmo ano, em consequência dessa conferência, o Brasil classificou o colonialismo e a escravidão de

....

1. Neste livro, o termo "negro" engloba as categorias preto e pardo, utilizadas pelo Instituto Brasileiro de Geografia e Estatística (IBGE) para classificar a população brasileira. Portanto, não usaremos os conceitos de "afro-brasileiro" ou "afrodescendente", pois eles podem gerar confusão.

crimes de lesa-humanidade, afirmando que os Estados nacionais deveriam trabalhar para erradicar a desigualdade social, tecnológica, cultural, educacional, econômica e política que tem fundo nos atributos de raça, etnia e cor.

Reconhecemos que a escravidão e o tráfico escravo, incluindo o tráfico de escravos transatlântico, foram tragédias terríveis na história da humanidade, não apenas por sua barbárie abominável, mas também em termos de sua magnitude, natureza de organização e, especialmente, pela negação da essência das vítimas; ainda reconhecemos que a escravidão e o tráfico escravo são crimes contra a humanidade e assim devem sempre ser considerados, especialmente o tráfico de escravos transatlântico, estando entre as maiores manifestações e fontes de racismo, discriminação racial, xenofobia e intolerância correlata, e que os africanos e afrodescendentes, asiáticos e povos de origem asiática, bem como os povos indígenas, foram e continuam a ser vítimas destes atos e de suas consequências. (Declaração de Durban e Plano de Ação, 2005, p. 16-17)

É com o espírito que norteou as propostas e os debates em torno dessa conferência que refletimos sobre a história das políticas públicas e das ações afirmativas no Brasil. Porém, tomamos o cuidado de inseri-las no contexto da globalização e do neoliberalismo.

As ações afirmativas são políticas públicas destinadas a atender grupos sociais que se encontram em condições de desvantagem ou vulnerabilidade social em decorrência de fatores históricos, culturais e econômicos. Seu objetivo é "garantir igualdade de oportunidades individuais ao tornar crime a discriminação, e têm como principais beneficiários os membros de grupos que enfrentaram preconceitos" (Cashmore, 2000, p. 31).

Constituímos aqui um percurso reflexivo, que procura revisar as relações sociais no país tomando por base:

- os escravismos;
- as leis que instituíram privilégios territoriais, regionais, econômicos e culturais para os diferentes indivíduos, grupos e segmentos da sociedade brasileira;
- os desdobramentos dessas leis, perpetuadas no Brasil República, que fazem das ações afirmativas instrumentos sociopolíticos necessários ao combate da desigualdade, da marginalização, da discriminação social, étnica e racial — mas também à ampliação e ao aprofundamento da diversidade no país.

Os cinco primeiros capítulos abordam o conjunto de políticas públicas constituídas pelo Estado monárquico português no período escravista brasileiro, inclusive aquelas que foram elaboradas no período imperial. Do sexto ao décimo, tratamos de algumas políticas públicas formuladas no período republicano nacional até a instauração do Estatuto da Igualdade Racial. Ao longo de todo o livro, priorizamos aquelas que focalizam o protagonismo da população negra brasileira.

Enfim, concebemos esta obra partindo da premissa de que é impossível abordar as políticas públicas e as ações afirmativas no Brasil sem considerar a pluralidade de forças envolvidas nesse processo.

De início, é preciso deixar claro que adotaremos o conceito de "escravizado", em oposição ao conceito de "escravo".

[...] é importante estabelecer o conceito de africanos escravizados tendo a dimensão sociocultural e político-filosófica, posto que não nasceram nessa condição, mas foram submetidos, transformados e tornados escravos pelo sistema político-econômico e pela instituição sociojurídica implantada pelos conquistadores. [...] O escravo nasce, cresce e morre irremediavelmente preso à sua natureza, não há transformação social possível para ele, até seus descendentes serão tratados como escravos, filhos de uma natureza imutável, intransponível. Esta redução ao paradigma da natureza do escravo tem o sentido de manter a escravidão no imaginário social das populações. Portanto, quando se afirma que na África já existia a instituição da escravidão, busca-se informar ideologicamente que o europeu não fez nada de errado, a não ser manter o africano na sua natureza. O conceito de escravizado visa estabelecer outra história: a de que um sujeito livre, proprietário do seu destino, sendo livre e dono de suas capacidades mentais e físicas, foi transformado, submetido a uma condição social imposta pela escravidão, ou seja, a de "peça", de "ser animal de tração", de "mercadoria". (Fonseca, 2008, p. 30-31)

A concepção de escravizado que propomos está relacionada com o princípio teórico e político-filosófico estabelecido pelas dinâmicas que se operam em quaisquer sociedades. Dessa maneira, o conceito de escravizado também se relaciona com o de empobrecido e de marginalizado. Não podemos dizer que os indivíduos simplesmente nascem, crescem e morrem escravos, pobres e marginais sem que haja sistemas de espoliação, exploração, expropriação e marginalização operando política, econômica, cultural, simbólica e psicologicamente.

É esse contexto que sociólogos, antropólogos, historiadores, filósofos, geógrafos e teólogos, por exemplo, precisam considerar em suas análises: que não se trata de "libertar" o pobre, mas o empobrecido. Tratar o pobre como categoria nativa é simplesmente remetê-lo ao estado de natureza. Diante disso se mantém a lógica perversa de manter o escravo, o pobre e o marginal em sua culpa pessoal e coletiva — imputa-lhe a impotência de mudar sua história social. Assim, se reduzem o pobre e a pobreza a uma inércia, à imutabilidade, sem atentar para as dinâmicas sociais em curso na história.

1
Políticas públicas para uns e para outros — O tempo da conquista territorial

A literatura sobre a "descoberta" do Brasil tem demonstrado diversas e novas facetas. No entanto, ainda não conferiu ao Estado monárquico luso e aos empreendedores do comércio português o devido reconhecimento nessa descoberta. A chegada de Pedro Álvares Cabral, em abril de 1500, é parte da política estatal portuguesa, não o gesto espontâneo de um homem, um aventureiro ou um conquistador que por acaso chegou ao Brasil.

O ato de aportar as caravelas portuguesas na costa leste da hoje denominada América do Sul já havia sido traçado antes por Portugal, Espanha e o papado, a fim de dar base aos acordos de expansão geopolítica e de conquista territorial no ultramar, particularmente após a assinatura do Tratado de Tordesilhas (1494)[2]. Segundo Barbeiro (1978, p. 27),

....

2. Acordo que dividia o mundo — inclusive as terras por descobrir — entre Portugal e Espanha, principais potências marítimas da época.

essa associação existente entre os parceiros ibéricos, os agentes comerciais e a Igreja Católica propiciou várias conquistas territoriais a Portugal.

A exploração da costa africana e a busca de novos mercados estavam no bojo das preocupações portuguesas nas esferas civil, comercial, estatal e clerical. Nesse contexto, "os emissários do rei faziam um serviço de verificação dos mercados e pontos estratégicos, viajando e convivendo, sobretudo, com os árabes" (Barbeiro, 1978, p. 27). A estratégia lusa visava a um conhecimento global das rotas comerciais e náuticas, tanto que a chegada de Vasco da Gama em Calicute, na Índia, em 1498, se deu pelo trabalho desenvolvido e pelo conhecimento naval de um navegador de origem afro-árabe que tinha profundo conhecimento do Oceano Índico (Fernández-Armesto, 2009). Vale ressaltar, ainda, que havia milênios as rotas marítimas do Índico eram utilizadas por africanos e asiáticos (Cabaço, 2007; Fernández-Armesto, 2009).

Diante da crise comercial entre Ocidente e Oriente, provocada pela conquista de Constantinopla pelos otomanos, em 1453, o Estado português decide contornar a África pelo Oceano Atlântico para chegar ao Índico. À época, Portugal já dominava o comércio na costa ocidental do continente africano.

Com o aumento dos deslocamentos mais intensos da frota naval (comercial e militar) lusa na Ásia, também se ampliaram as tensões e guerras no Oriente.

Pannikar (*apud* Barbeiro 1978, p. 31) informa que "o Índico era um oceano calmo e pacífico até a chegada dos portugueses. Os povos à sua volta comerciavam livremente, sem atritos ou guerras. Seus navios não conduziam artilharia e navegava-se em segurança".

A "descoberta" do Brasil deu-se nesse contexto de guerras, violência, conquistas, espoliações e crise comercial na relação Europa-Ásia. Tal "descoberta" fez parte de um processo orquestrado pela Coroa portuguesa a fim de expandir seu território e angariar matérias-primas e especiarias em outras regiões do mundo para negociar na Europa. As grandes navegações e expedições que ocorreram nos séculos XV e XVI constituíram a pedra de toque da geopolítica da Coroa lusa, fazendo que as naus portuguesas alcançassem áreas longínquas nos continentes africano e asiático.

Baseando-se no que era discutido na chamada Escola de Sagres — que não existiu como instituição, mas lançou as bases da navegação moderna — por mestres e especialistas em navegação, o Estado português (sempre ajudado pela Igreja) financiou a confecção de cartas náuticas e embarcações. Vale salientar que os jesuítas eram mestres na arte de elaborar tais cartas (Fernández-Armesto, 2009). Nesse ambiente se formaram navegadores como Vasco da Gama e Cristóvão Colombo, entre outros.

Com a expansão das grandes navegações, o homem português foi se vinculando cada vez mais ao mar. Como diria Fernando Pessoa, citando os antigos desbravadores, "navegar é preciso, viver não é preciso". Esse homem português não perdeu sua vocação de agricultor, de camponês, mas o território português necessitava ser ampliado; era preciso conquistar terras, matérias-primas, mercados e, por que não dizer, prestígio e fortuna.

A Coroa portuguesa empreendeu, ao longo do século XV, uma política pública de cunho estatal, contando com a presença de empreendedores judeus, árabes e cristãos-novos na conquista do temido Atlântico.

Essa política também incentivava a sujeição da população nativa que porventura viesse a ser encontrada. Afinal, tratava-se de infiéis e pagãos. A chegada ao Brasil não foi diferente nesse aspecto. Com o passar dos séculos, intensificaram-se a exploração dos indígenas, a expropriação da terra e a extração das riquezas minerais, da fauna e da flora — enfim, o projeto de conquista territorial.

2
A conquista dos nativos e da terra

*Esse branco intruso diz que foi ele
que descobriu o Brasil.
Assim que as crianças aprendem
nas escolas de branco.
Mas os brancos não descobriram
o Brasil!
Os índios já moravam nessa terra!
Por isso, um índio Kaimbé falou assim,
na assembleia do povo Xokó:
— O Brasil não foi descoberto,
o Brasil foi roubado!*
(Paula *et al.*, 1984, p. 91)

Em um primeiro momento, o Brasil não foi prioritário para os interesses comerciais portugueses, visto que a rota do Atlântico Sul, rente à costa africana até as Índias, era mais importante comercialmente. O projeto inicial português não implicou a fundação de residências, o traslado de famílias, o desejo de trabalhar a terra e introduzir um padrão cultural e social nas relações com os nativos.

Assim, pode-se dizer que não houve, no Brasil, colonização propriamente dita nas primeiras décadas do século XVI. Aqui aportavam apenas navios militares e de reconhecimento da costa. Os primeiros habitantes estrangeiros não foram oriundos da sociedade civil. Ao contrário, eram religiosos, militares e alguns degredados.

Dessa forma, a conquista portuguesa no Brasil teve um caráter eminentemente explorador. A própria carta de Pero Vaz de Caminha já chama a atenção do rei D. Manuel I para o modelo de conquista a ser implantado aqui, apontando seu duplo perfil: de um lado, a introdução da fé católica; de outro, a extração das riquezas da terra (solo, subsolo, fauna e flora), implicando a expropriação dessa mesma terra e a exploração do nativo. Tal exploração consumou-se, ao longo dos séculos, na relação entre nativos e portugueses, por meio da imposição da cultura lusa em detrimento da do nativo, do genocídio cometido contra os indígenas e da tentativa de homogeneizar os diferentes povos ameríndios presentes no território brasileiro — circunscrito, naquele momento, ao que estava definido pelo Tratado de Tordesilhas.

Trinta anos após a "descoberta", começou a exploração sistemática do território brasileiro propriamente dita, pois a Coroa lusa passou a se preocupar com as invasões estrangeiras, principalmente da França e da Holanda.

De início, a exploração do território foi efetuada de maneira restrita, voltada apenas para a edificação de algumas feitorias ao longo do litoral, já que a possibilidade de angariar fortuna rápida e fácil estava muito distante daquelas condições — carência de infraestrutura adequada e de mão de obra condizente com a necessidade de extrair o pau-brasil em grande escala.

O trabalho de derrubada, corte e transporte das árvores e a construção de feitorias foi efetuado pelos nativos mediante o escambo. Os indígenas recebiam facas, machados, tesouras, espelhos etc. Assim, em um primeiro momento, os nativos não foram submetidos a um processo de escravização, mas de exploração sistêmica.

Após esses contatos irregulares, frágeis, aparentemente com expressão de profunda solidariedade humana, havendo inclusive encontros sexuais entre homens lusos e mulheres indígenas, institui-se o cunhadismo — costume nativo de incorporar estranhos à comunidade oferecendo-lhes uma esposa — e, por conseguinte, a miscigenação étnico-racial (Ribeiro, 1995; Freyre, 1987).

Ampliam-se as trocas materiais e simbólicas entre conquistadores e conquistados, permitindo aos primeiros ganhar a confiança da comunidade nativa, transitar cada vez mais fundo na Mata Atlântica, conhecer o curso dos rios e fitar o longínquo horizonte da terra a ser conquistada em nome do rei — ou melhor, em nome do Estado português.

Essa prática, sobejamente utilizada por Vasco da Gama em Moçambique e nas Índias, possibilitou que os portugueses procurassem ouro e outros minérios preciosos, mas, sobretudo, construíssem mecanismos e instrumentos de conquista da terra e do nativo de modo paulatino e constante.

No decorrer do século XVI, o Estado português inaugurou outro momento da conquista do Brasil, lançando mão da política de doação de grandes extensões de terra a fidalgos lusos, filhos da baixa e média nobreza e da pequena elite empreendedora lusa, que não herdavam a fortuna e outras honrarias de seus pais. Essa política pública foi adotada a fim de explorar a terra de modo regular e preservar a conquista diante dos interesses de outras nações europeias. Assim, o Estado luso constituiu a primeira política social e pública em solo brasileiro.

De um lado, portanto, a conquista do Brasil atendeu aos sonhos e necessidades de fidalgos da nobreza e da pequena elite econômica de Portugal; de outro, aplicou uma nova política social para afastar das ruas portuguesas a população perigosa segundo o olhar do Estado e da Igreja Católica, isto é, os assassinos e ladrões, bem como os judeus e mouros que não haviam se submetido ao poder da espada, da cruz e da água benta.

A adoção da política de capitanias hereditárias não levou em conta o fato de que a população nativa tinha direitos sobre a terra. Assim aconteceu também, nas primeiras décadas do século XVI, com outras políticas implementadas pelo Estado português e por seus representantes, para quem o indígena não era sujeito, mas objeto do processo da conquista e da empresa escravista implantado pelos portugueses e por outros europeus no Brasil e em todo o continente americano.

A doação de terras para a média e pequena nobreza portuguesa foi iniciada com catorze capitanias, divididas em quinze lotes, entre 1534 e 1536. Os donatários tornavam-se administradores das terras do Estado monárquico português, podendo fazer benfeitorias e lucrando com o que a capitania gerasse. Assim, estavam aptos a fundar vilas, nomear ouvidores e tabeliões, exercer as jurisdições civil e criminal, conceder sesmarias e isentar-se de tributos da Coroa, mas não de impostos reais.

No entanto, com a adoção dessa política de verniz colonizador, o que estava em curso era a efetiva conquista e exploração da terra e da população nativa. O objetivo do

Estado português era tornar o Brasil um lugar viável para a Coroa e para a Igreja Católica na Europa. Vale ressaltar que o sistema de capitanias hereditárias fora uma experiência implementada nas ilhas dos Açores e da Madeira. No Brasil, provocou a descentralização política e econômica da colônia, mas foi um grande fracasso financeiro — com exceção de São Vicente e Pernambuco, que conseguiram investir no cultivo e no comércio da cana-de-açúcar.

Assim, a dominação portuguesa no Brasil consolidou-se com base na economia açucareira, sobretudo na capitania de Pernambuco, que a desenvolveu de modo vertiginoso até o século XIX. A cultura da cana-de-açúcar se tornou um grande monopólio em amplas áreas territoriais da colônia, visando ao lucro e preocupando-se apenas com a exploração do solo, sem levar em conta seu empobrecimento.

O mesmo não ocorreu no litoral sul de São Paulo, na região que compreende, atualmente, as cidades do Vale do Ribeira. Ali a economia canavieira não se desenvolveu muito, sobretudo por causa do solo, mas também porque se buscava fazer fortuna rápida por meio do ouro de aluvião e de outros minérios valiosos.

Graças a tais procedimentos político-econômicos e à cultura reinol da época de exploração e domínio da terra, muitas nações indígenas foram destruídas. Dos 5 milhões de indígenas de então, tomando por base o censo de 2022 (IBGE, 2023), resta cerca de 1,7 milhão, o que nos permite constatar que a posse da terra brasileira pelos lusos não foi harmônica e pacífica; ao contrário, trouxe grande violência, além de guerras bacteriológicas.

Barbeiro (1978, p. 53) afirma que "os indígenas reagiram à presença branca atacando-lhe as fazendas. Ocorreram ataques frequentes nas capitanias da Bahia, Ilhéus, Porto Seguro e Espírito Santo. Todavia, a luta foi desigual". Em razão do poderio bélico dos portugueses, as nações indígenas que não foram exterminadas acabaram sendo escravizadas.

Além de perder a terra, os nativos perderam a vida ou foram escravizados pelos portugueses e, mais tarde, capturados pelos paulistas, ou melhor, pelos bandeirantes. Segundo Cunha (2003, p. 20), os grupos da várzea amazônica

> foram dizimados a partir do século XVII pelas tropas que saíam em busca de escravos. Incentivou-se a guerra entre grupos indígenas para obtê-los e procedeu-se a maciços descimentos de índios destinados a alimentar Belém de mão de obra. No século XVIII, como escrevia em 1757 o jesuíta João Daniel, encontravam-se nas missões do baixo Amazonas índios de "trinta a quarenta nações diversas".

Vale ressaltar que, embora a Igreja Católica protegesse a população nativa dos paulistas, mercenários e senhores de engenho, tal procedimento implicou sempre a desnacionalização desse contingente populacional, uma vez que aldeava grupos distintos e os docilizava segundo os interesses lusos e católicos. Com essa política, a Igreja Católica também conquistava grandes áreas territoriais, inclusive tornando os indígenas seus agricultores, ou seja, seus trabalhadores rurais escravizados. Nesse sentido, os povos originários ganhavam proteção, mas perdiam suas terras para a instituição católica e suas congregações.

Após a conquista territorial, os portugueses procuraram administrar o trabalho necessário impondo a outros que trabalhassem por eles e ampliassem sua fortuna à medida que ampliavam o território. Muitos intelectuais esboçaram severas críticas a esse comportamento, entre eles Sérgio Buarque de Holanda (1988, p. 10):

> Uma digna ociosidade sempre pareceu mais excelente, e até mais nobilitante, a um bom português, ou a um espanhol, do que a luta insana pelo pão de cada dia. O que ambos admiram como ideal é uma vida de grande senhor, exclusiva de qualquer esforço, de qualquer preocupação.

Essa informação é uma meia verdade. Os portugueses não estavam somente a enriquecer mediante o trabalho de outros, na medida em que não vieram ao Brasil apenas lusitanos na condição de fidalgos, mas também degredados e empobrecidos em busca de oportunidades. Portanto, estes tiveram de trabalhar à exaustão para se ajustar à nova sociedade implantada nas Américas. Muitos, inclusive, estiveram em movimentos contrários aos interesses da Coroa. Outro aspecto da afirmação de Buarque de Holanda que merece reflexão crítica é o fato de que diversos fidalgos tiveram de empreender guerras contra indígenas a fim de ampliar seus territórios, além de precisarem administrar os bens que conquistaram com o trabalho dos negros escravizados. Assim, não se trata propriamente de uma posição destituída de esforços e preocupações.

Além disso, Holanda parece crer que os portugueses não pensaram de maneira sistêmica a ocupação e a conquista do Brasil, corroborando as teses da época pós-imperial e republicana de que a corte portuguesa e os reinóis apenas trouxeram ao Brasil uma cultura bacharelesca destituída de força material para ampliar os horizontes do país pela via do trabalho árduo. Esse contexto expressa o processo ideológico calcado na independência e no nacionalismo efervescente na década de 1930, em que se destrói a história da nação para colocar outra no lugar. Com isso, tencionava-se imputar ao reinol a pecha de aventureiro que visava ao enriquecimento fácil e rápido e estava atrás da acumulação de fortunas, tendo encontrado no indígena e no negro o trabalhador que se tornaria suas mãos e seus pés, como diria Antonil (*apud* Bosi, 1993).

O Estado monárquico português e a Igreja Católica, com outros parceiros empresariais — judeus e árabes, alguns convertidos ao catolicismo romano no bojo do processo inquisitorial —, estiveram à frente do processo de conquista da terra e dos nativos no Brasil. Tinham agido de maneira semelhante nas ilhas do Atlântico (Madeira e Açores) e depois de se apossarem das ilhas africanas de São Tomé e Príncipe e Cabo Verde como entreposto comercial da empresa naval e militar lusa.

Os acordos com a Igreja Católica propiciaram a constituição do sistema de padroado, em que os padres eram funcionários do Estado monárquico luso e a Sé Católica angariava espaço na empresa conquistadora, enviando seus representantes para que participassem do processo de definição do território conquistado, de difusão da cultura luso-católica aos nativos e de demarcação de áreas geográficas.

No entanto, esse trabalho catequético não se estendeu a todas as nações indígenas do Brasil, tendo havido uma seleção baseada em finalidades estratégicas, segundo a arquitetura política definida pelo Estado luso e por seus parceiros na Metrópole, no sentido de melhor ocupar o novo mundo descoberto.

Esse trabalho foi exercido pelos religiosos, principalmente os jesuítas. Os mais famosos no Brasil por sua atuação com as populações nativas foram Manuel da Nóbrega, José de Anchieta e Antônio Vieira. Eles percorreram grande parte do litoral brasileiro, estabelecendo contatos com as populações indígenas, atraindo-as e procurando fazê-las crer na bondade da empresa conquistadora lusa — prestando, enfim, ótimos serviços ao reino de Portugal. Desse modo, as nações amistosas foram aos poucos incorporadas ao sistema catequético e à empresa conquistadora; no entanto, aquelas que se mantiveram hostis aos portugueses e aos religiosos foram dizimadas, pois dificultavam o avanço da expropriação da terra.

Diversas questões complexas, porém, incomodavam o projeto estatal luso. Uma delas era o debate — que encontrou seu clímax na Península Ibérica — sobre que lugar deveria ser ocupado pelos povos originários na empresa conquistadora e no sistema político-econômico mercantilista. Nesse debate da conquista das Américas, defrontavam-se as teses de juristas e teólogos. Os primeiros consideravam que os indígenas deveriam ser incorporados ao sistema mercantilista como sujeitos a ser escravizados ou até dizimados em nome da civilização cristã-católica e dos interesses das coroas reais e dos Estados português e espanhol; os segundos entendiam que os indígenas deveriam ser conduzidos à catequese evangelizadora e levados a conhecer os desígnios de Deus e a viver conforme os ensinamentos legados por Jesus Cristo, por seus apóstolos e pela instituição que os representava na Terra, ou seja, a Igreja Católica.

As teses e ideologias dos juristas desses Estados monárquicos ibéricos, no início do século XVI, eram de que os indígenas não tinham alma, eram afeitos a costumes e culturas antissociais — praticavam a antropofagia, que era parte do patrimônio cultural e religioso de algumas nações — e viviam em completo pecado e desrespeito às leis de Deus e das igrejas cristãs. Entretanto, alguns religiosos acreditavam que os indígenas eram os filhos perdidos de Adão e Eva, dispersos após a expulsão do Paraíso, que deveriam ser novamente reintegrados ao universo dos justos, dos fiéis, dos pios e tementes a Deus, e não escravizados.

Tais ideias, muito embora contrárias entre si e alicerçadas na base religiosa cristã, deram margem ao processo de expropriação, marginalização e exploração das populações indígenas, tanto na porção espanhola como na lusa. Por mais que ocorressem debates, as empresas conquistadoras ibéricas tinham parceiros ávidos por angariar lucros cada vez maiores, e os Estados envolvidos nessa empreitada não levavam em conta se o indígena tinha alma ou não, se realizava práticas antropofágicas ou não; atentavam apenas para o fato de que o nativo não era como ele, um europeu. O ibérico precisava de mão de obra disponível em quantidade suficiente para espoliar a terra e exportar as matérias-primas necessárias para o enriquecimento das metrópoles conquistadoras, dos investidores e da Igreja Católica.

Nesse período de conquistas ultramarinas no bojo das reformas e contrarreformas cristãs e dos conflitos políticos e religiosos, diversos Estados europeus e seus investidores trabalharam conjuntamente na constituição da política estatal e comercial de conquista das Américas. As igrejas cristãs reformadas transformaram-se em sócias dos Estados europeus, contribuindo com sua estrutura no processo de conquista do novo mundo, bem como do anterior — a África.

Os Estados europeus e suas igrejas católica e protestantes constituíram políticas a fim de conquistar o continente americano, com base nas duas premissas teo(ideo)lógicas sobre o indígena citadas anteriormente — a de que deveria ser escravizado e a de que deveria ser catequizado. Muitos conflitos e guerras protagonizados pelas diferentes nações indígenas foram, inclusive, arquitetados e insuflados pelos próprios europeus, que tinham interesses distintos na América. O trabalho de cristianização das diferentes nações indígenas tinha o mesmo foco, ou seja, cooptar e "civilizar" o nativo, procurando torná-lo agente passivo ou ativo da conquista europeia da América.

No Brasil não foi diferente. No período das ocupações francesa e holandesa no Nordeste açucareiro e no Rio de Janeiro, as nações indígenas travaram lutas constantes entre si, pois algumas se posicionaram a favor de portugueses e outras, contrariamente aos primeiros conquistadores, ficaram ao lado de franceses e holandeses. Exemplo disso foi o conflito entre os indígenas da nação temiminó (que ficaram do lado dos portugueses e do governo de Duarte da Costa) e os indígenas tupinambá (que se aliaram aos franceses, liderados por Nicolau Durand de Villegagnon, para derrotar Duarte da Costa e seu governo, na tentativa de expulsar os portugueses do Brasil). Tais conflitos atingiram as populações indígenas situadas no litoral paulista e fluminense.

As estratégias políticas e as relações de cumplicidade estabelecidas entre nativos e conquistadores ibéricos em diversas partes do continente americano, levando à escravização de inúmeras nações indígenas, bem como à defesa e proteção de várias outras populações nativas pelas ordens religiosas católicas, inspiraram os discursos dos religiosos Bartolomeu de las Casas, José de Anchieta, Manuel da Nóbrega e Antônio Vieira. As práticas jesuíticas no Brasil, com suas reduções e missões, também foram alimentadas pelo processo intrincado e complexo gerado, desde os primeiros anos da conquista ibérica nas Américas, pelas afetividades latentes e miscigenações correntes que consolidaram a mestiçagem e o cunhadismo como uma realidade social, política e demográfica.

Nesse cenário de sentimentos conturbados, sabia-se que havia a necessidade de afirmar a conquista e os interesses dos Estados monárquicos ibéricos, dos investidores e empresários europeus e árabes (neocatólicos) e da Igreja Católica em Roma. Mas, para tanto, era importante buscar uma saída político-econômica e ideológica para a continuidade da conquista e a ampliação do empreendimento luso-espanhol nas Américas, sem que houvesse o aprisionamento indígena ou que fossem reduzidos a escravização àqueles que já estavam submetidos no decorrer do século XVI.

Os defensores dos indígenas buscaram substituir uma mão de obra por outra. Assim, defenderam a introdução de africanos escravizados na América, algo que já ocorria na Europa, sobretudo em Portugal, desde meados do século XV, sendo também uma atividade exercida pelos árabes na costa do Índico e no norte da África havia séculos.

Para tanto, pautaram-se na justificativa teo(ideo)lógica que fundamentou a prática escravista das populações africanas no século XV: a passagem bíblica segundo a qual Noé amaldiçoou Canaã, que se tornaria "escravo dos escravos" de Sem e Jafé, irmãos de seu pai Cã, por causa do desrespeito deste para com seu próprio pai, Noé (Gênesis, cap. 9, vers. 18-28).

Com base nessa passagem bíblica e com o embasamento de teólogos, o papa Nicolau V assina, em 8 de janeiro de 1455, a bula *Romanus Pontifex*, autorizando os portugueses a invadir, capturar e sujeitar à perpétua escravidão os sarracenos, pagãos e outros inimigos de Cristo. Nicolau V também concedeu ao Estado monárquico português o direito de se apossar de terras e mares já descobertos ou daqueles que porventura descobrisse, legitimando o direito internacional desse Estado de conquistar o mundo com base nos interesses cristãos e fortalecendo o espírito dos cruzados e descobridores, tais como os da Ordem de Cristo, do grão-mestre infante D. Henrique. Essa bula foi "abençoada" (ratificada) pelos papas Calixto III e Sixto IV, em 1456 e 1481, ou seja, antes de o continente americano fazer parte da expansão ultramarina.

A introdução de africanos escravizados na América não reduziu os sacrifícios e genocídios que atingiam as populações indígenas no continente, tampouco fez que elas adquirissem autonomia diante dos interesses europeus. Muito pelo contrário: a vitória da tese de Las Casas, Vieira, Nóbrega e Anchieta não poupou todos os indígenas, apenas uma minoria que esteve protegida do escravismo, mas vinculada à política catequética e "civilizadora" católica. Além disso, a escravização africana ampliou em larga escala o estoque de cativos nas Américas, contribuindo com a empresa conquistadora luso-hispânica e os aventureiros e investidores da economia mercantilista, uma vez que estes puderam abrir a rota comercial no Atlântico. Isso ampliou a exportação de matérias-primas e expandiu o poder dos militares, favorecendo as finanças dos Estados ibéricos, da Igreja Católica, das demais igrejas cristãs e daqueles que financiavam a conquista da América e da África.

A exploração e o genocídio dos indígenas brasileiros, bem como o tráfico de africanos, fizeram parte de uma política pública instaurada pelo Estado português desde os primeiros dias das grandes navegações lusas no século XV. Com o apoio de membros da sociedade civil e empresarial europeia, o país estruturou um conjunto de políticas públicas em prol de parte significativa do povo português, mas em detrimento das populações indígena e africana.

Em suma, o Estado monárquico português, com o apoio de instituições, grupos da sociedade civil e outros Estados europeus, estabeleceu políticas de guerra a fim de destruir outros Estados e nações soberanas no Atlântico Sul, na África e na Ásia, camuflando seu real objetivo com desculpas e justificativas calcadas em disputas religiosas contra os avanços do Islã na Europa e com a busca de conquista da Terra Santa e a arregimentação de fiéis para o papado. O que estava em pauta, no entanto, era a ampliação dos mercados e da produção de matérias-primas em outras regiões do mundo.

3
Homens, mulheres e crianças d'África

A escravização africana pelos portugueses, no século XV, ocorreu em um primeiro instante na costa ocidental da África, mas desde o século V havia contato com as experiências dos muçulmanos que operavam na região que hoje compreende o Magrebe (Marrocos, Tunísia, Líbia, Mauritânia[3] e Argélia), respeitadas as devidas questões conceituais já aventadas por Claude Meillassoux (1995, p. 54-55):

> Desde antes do tráfico atlântico, os escravos negros eram enviados ao Magrebe, ao oriente próximo e ao médio, à Turquia e mesmo às Índias. Encontram-se vestígios deles nas Europa e na Sicília. O tráfico eu-

....
3. Oficialmente, a Mauritânia aboliu a escravidão somente em 1981, tendo sido o último país do mundo a fazê-lo. No entanto, com frequência se verifica que a prática é mantida no país, sendo os islâmicos os agentes desse processo escravista contemporâneo (Daum, 2019).

ropeu os jogou em todo o continente americano, nas Antilhas e ainda na Europa. Quando, no século XIX, desenvolveu-se o tráfico interafricano tropical, o deslocamento dos cativos, apesar de não existir mais escoamento para eles fora do continente, permaneceu considerável. [...] O destino final dos escravos exportados da África assume dimensões planetárias.

Em Portugal, o trabalho agrícola era mantido por meio da mão de obra africana escravizada, possibilitando que muitos agricultores se transformassem em marinheiros e aventureiros de além-mar no Atlântico. Apesar de a bula *Romanus Pontifex* ter sido assinada pelo papa Nicolau V em 1455, é importante destacar que desde 1444 os lusos já praticavam o infame comércio de vidas humanas, tendo sido esse o ano da primeira grande expedição visando escravizar africanos.

Milhares de negros foram comercializados no continente europeu, e outros seguiram para as ilhas lusas, inclusive para as colônias de Cabo Verde e São Tomé e Príncipe. Muitos deles eram originários da costa da Guiné, os quais foram os primeiros a aportar no Brasil, nas décadas iniciais do século XVI.

Os postos de controle alfandegário do Estado português situavam-se nos portos de embarque e desembarque, ou seja, nos dois lados do Atlântico. Ali se posicionavam os agentes aduaneiros e os capelães da Igreja Católica para anotar o volume e o valor da carga humana transportada entre as duas costas. Mesmo assim, os traficantes de gente superlotavam caravelas e outros navios, com anuência ou vista grossa desses agentes fiscalizadores.

Os negros da costa da Guiné já dominavam as técnicas de plantio, as quais eram conhecidas por diversas etnias africanas antes que Portugal aportasse nas costas litorâneas do Atlântico, fosse na costa da Guiné, fosse nos reinos do Congo e de Angola (Chiavenato, 1986). Esses grupos étnicos que detinham conhecimento sobre a agricultura — e até mesmo aqueles que eram profundos conhecedores do pastoreio e da mineração — estavam mais avançados tecnologicamente do que os portugueses. Os reinos iorubanos[4], inclusive, já conheciam a metalurgia e lidavam com o cobre e o estanho, de modo que os portugueses só foram ter contato com a enxada e outras ferramentas agrícolas na costa ocidental africana (Diamond *apud* Chiavenato, 1986, p. 49).

Após 1518, apoiados pela Igreja Católica, os portugueses ampliaram o tráfico de africanos escravizados para as ilhas Canárias e para as Américas, em parceria com a Coroa espanhola (Torrão, 1997; Alencastro, 2000), sendo mais tarde acompanhados pelos demais europeus que tinham acesso direto ao Oceano Atlântico. Essa tarefa comercial, na qual foram empreendidos recursos estatais e privados (Chiavenato, 1986; Meltzer, 2004), tinha o nítido objetivo de ampliar as bases territoriais portuguesas em outras regiões do globo, como nas Américas e na África. "As bases portuguesas deslocaram-se para as ilhas de Cabo Verde, enquanto franceses e britânicos faziam o tráfico em Goreia, perto do que hoje é Dacar" (Meltzer, 2004, p. 242).

....

4. O iorubá (yoruba) é o segundo maior grupo étnico na Nigéria, incluindo aproximadamente 18% da população total.

O grande contingente de africanos escravizados vinha dos reinos e impérios da costa ocidental, na qual os europeus possuíam um vasto trecho de 5 mil quilômetros, do Senegal até Angola, e onde tinham com quem negociar a compra de pessoas, bem como sua troca por objetos. Meltzer (2004, p. 242) afirma que "de 65% a 75% dos escravos eram das regiões ao norte do rio Congo. Uma grande parcela dos cativos pertencia a povos que viviam onde se situam Daomé, Gana e Nigéria".

Os africanos escravizados para o Brasil, como em outras partes do mundo e em toda a história desse vil sistema político-econômico, eram aqueles que detinham excelentes capacidades físicas, mentais e se encontravam na sua maioria em idade produtiva e reprodutiva, portanto perfeitos cultural, social e tecnologicamente falando. (Fonseca, 2008, p. 54)

Crianças e velhos também tinham lugar nesse tráfico sórdido, mas em condições especiais. As primeiras, pelo fato de ocuparem pouco espaço nos navios, eram peças indispensáveis. Os segundos eram transportados somente em caso de engano, já que, além de não aguentar a viagem, valiam menos no mercado negreiro. Os velhos eram devidamente analisados pelos agentes de saúde do Estado luso e pelos traficantes, ocorrendo o mesmo com as mulheres grávidas e as pessoas com deficiência (Fonseca, 2008).

Verifica-se, com isso, que o aparelho de Estado dos países europeus estava profundamente bem articulado na obtenção da melhor mercadoria para levar à América, utilizando a medicina e a saúde pública para otimizar o lucro.

Assim, a África perdeu homens e mulheres plenamente capacitados produtiva e reprodutivamente, perdeu seus "talentos, sua realeza, seus sacerdotes, seus intelectuais e artistas para construírem com sua força e criatividade outras civilizações" (Fonseca, 2008, p. 53), enriquecendo outras sociedades, outros Estados, outros empresários e investidores após o século XV.

O tráfico negreiro era extremamente lucrativo para Portugal, bem como para os investidores privados e a Igreja Católica: além de dinamizar os recursos financeiros, gerava impostos e taxas. Ademais, ocupava as terras conquistadas com uma população resistente e conhecedora das técnicas de plantio da cana-de-açúcar, como os nativos da Guiné (Miller, 1997; Alencastro, 2000).

Os primeiros africanos registrados ao chegar ao Brasil foram em número de "dezessete peças", sendo catalogados pelo comandante Pero de Góis em 1533. Depois de seis anos, Duarte Coelho registrou mais um grupo a fim de atender às necessidades da capitania de Pernambuco. Esses primeiros africanos vieram da Guiné. Todavia, o ciclo da cana-de-açúcar, iniciado no Brasil na década de 1550, foi hegemonizado demograficamente pela população de origem banta, ou seja, pelos africanos vindos da região que compreendia os reinos do Congo e de Angola. Os bantos contribuíram intensamente com a agricultura no Brasil, pois,

> nos primeiros séculos da era cristã, em vastas regiões da África ao sul do Saara, comunidades negras praticavam uma agricultura itinerante assentada sobre a metalurgia do ferro, conheciam o pastoreio, exerciam um artesanato crescentemente refinado. (Maestri Filho, 1984, p. 10)

Assim, fica nítido que os feitores[5] lusos, ao longo do litoral africano, já conheciam o perfil social, produtivo e tecnológico das etnias africanas, tendo podido observá-las desde o final do século XV até todo o século XVII. Os missionários e os aventureiros, como agentes do Estado, foram os principais articuladores desse manancial de informações que lusos e demais europeus adquiriram sobre a África.

Com o início do ciclo da mineração no Brasil, houve uma mudança nos grupos étnicos africanos traficados pela empresa estatal e privada portuguesa; passaram a ser trazidos à colônia aqueles que conheciam a tecnologia de extração mineral. Nesse novo ciclo, o número de africanos escravizados triplicou, sobretudo em função da enorme quantidade de mortes registradas nas minas, fosse pelas quedas e pelos desabamentos, fosse pelas condições de insalubridade e pela força física despendida na mineração.

Em virtude dessa nova atividade, houve um deslocamento da economia brasileira para o Sudeste (Minas Gerais), e a população africana que antes entrava no Brasil pelos portos do Nordeste (Bahia e Pernambuco) passou a desembarcar no Rio de Janeiro, provocando uma mudança significativa na composição populacional dessa região. Com o escoa-

---

5. A feitoria era uma instituição originária da Europa, onde cumpria um papel de elo comercial. Os portugueses levaram-na da África para o Brasil e até mesmo para a Índia. Assim, podemos denominar "feitoria" a organização de mercadores de um Estado que residiam num mesmo local fora das suas fronteiras. Essa organização visava defender seus interesses comuns, principalmente econômicos, possibilitando a manutenção de relações comerciais regulares e constantes na região onde estava sediada. Implicava, pois, pelo menos uma representação autorizada e uma área própria.

mento do ouro para a metrópole lusa partindo do Rio de Janeiro, ocorreu também uma alteração no jogo do poder político: a cidade tornou-se capital do Brasil Colônia.

O ciclo da mineração trouxe dados novos para a realidade brasileira, produzindo sempre taxas negativas nos dados demográficos da população de africanos. Diante da diminuta presença feminina negra e do grande esforço físico da população escravizada, as taxas de mortalidade eram altas e as de natalidade, baixas. Uma das poucas vantagens que encontrava o africano na região aurífera era a possibilidade, ainda que remota, de comprar sua liberdade (Fonseca, 1994).

No entanto, o declínio da economia mineradora fez que o Estado luso, sua nobreza e classe senhorial retomassem os investimentos na lavoura canavieira do Nordeste. Assim, foram traficadas para o Brasil, no século XVIII, populações sudanesas, como iorubás, axântis, fons, jejes etc. Com esses grupos étnicos, vieram diversos islamizados, e é com eles que o século XIX vai conhecer a maior revolta urbana do Brasil escravista — a Revolta dos Malês, ocorrida em 1835, em Salvador (Bahia). No mesmo período, houve também outras lutas e revoltas no Nordeste brasileiro (Verger, 1987; Rodrigues, 1988; Reis, 1986).

Com as inúmeras revoltas e dificuldades da economia agrária nordestina — baseada sobretudo na lavoura da cana-de-açúcar, mas também na do fumo e do algodão —, desencadeou-se o processo de migração interna no Brasil, impulsionado pela ascensão vertiginosa da lavoura cafeeira fluminense e paulista. Esse processo fez que muitos fazendeiros nordestinos vendessem seus escravizados aos proprietários paulistas e fluminenses.

A economia cafeeira cresceu de modo vertiginoso no Sudeste, enquanto ocorria a crise escravista no Império e a proibição do tráfico negreiro internacional. Assistia-se a uma mudança significativa no Brasil: São Paulo passou a participar ativamente da economia brasileira e ganhou peso político, sobretudo por estar próximo à capital, Rio de Janeiro. A província de São Paulo, ganhando espaço político diante das tradicionais províncias de Pernambuco e da Bahia, promoveu um grande deslocamento de população escravizada — e até mesmo livre — para seu território, oriunda das regiões auríferas ou canavieiras.

Diz Fonseca (2008, p. 57):

> Era compreensível que isto ocorresse, visto que a produção cafeeira assumia a liderança das exportações brasileiras após a década de 1830, sendo responsável pelo deslocamento dos centros de decisão do país para o Rio de Janeiro e São Paulo.

Assim, nas décadas finais do século XIX, a maior concentração de africanos escravizados estava na economia cafeeira. Isso ocorria também pelo fato de muitos negros terem conseguido conquistar a liberdade nessas regiões, fosse pela luta, fosse pela decadência econômica dos fazendeiros, que não conseguiam mantê-los escravizados e os libertavam, independentemente das leis abolicionistas lançadas no período.

Em São Paulo, a alta lucratividade do café propiciou diversas lutas no interior das províncias, e muitos crimes foram cometidos por escravizados e escravistas, estes pela própria natureza da atividade que exerciam, de supressão da liberdade, exploração e tortura (Machado, 1987). Mas também houve debates acerca dos interesses econômicos e políticos de pequenos e médios agricultores, formados ideologicamente pelo liberalismo inglês ou francês, que provocaram lutas pelo término do escravismo, sustentando teses de que a mão de obra brasileira deveria ser composta de homens livres europeus.

Embasados por ideias liberais, antes mesmo do término da escravidão, esses pequenos e médios agricultores fizeram que muitos trabalhadores livres viessem da Europa para São Paulo, às vezes propondo a eles um sistema de parceria ou colonato. São Paulo tornava-se, no final do século XIX, uma província onde se falavam muitas línguas. Um grande contingente europeu — originário de reinos, ducados e repúblicas independentes da atual Itália[6] e da Alemanha — foi deslocado para o Sul do país, a fim de consolidar os interesses do Império nas regiões de fronteira. Muitos desses imigrantes eram trabalhadores que não tinham emprego em seu país de origem; outros encontraram aqui um refúgio para recomeçar a vida longe das guerras que assolavam a Europa.

A presença dos imigrantes europeus no Sul do Brasil originou um processo de invisibilidade do negro sulista,

....

6. Vale ressaltar que os primeiros imigrantes europeus que vieram ao Brasil e, particularmente, à província de São Paulo, eram oriundos de ducados, condados e reinos, mas não da grande nação italiana, pois a Itália unificada não existia até a década de 1870. Portanto, para São Paulo vieram napolitanos, sardenhos, sicilianos, mas não italianos. O mesmo vale para a Alemanha, que também alcançou sua unificação somente na década de 1870.

particularmente o gaúcho. De origem banta, esses negros chegaram ao Sul em função da migração interna, mas também do tráfico através do Rio da Prata, levado a cabo pela Argentina e pelo Uruguai. Foram esses negros que estabeleceram e consolidaram a próspera economia do charque nas estâncias gaúchas, contribuindo com a constituição de vilas e povoados e com as tropas que levavam o charque até as regiões auríferas no período da mineração (Cardoso, 1991).

As crises crônicas e sucessivas do regime imperial levaram à abolição da escravatura e à consagração do Estado Republicano Nacional. Nesse ambiente, houve um aumento considerável de imigrantes europeus. Foi então que os negros conheceram a outra face da escravidão: a marginalização, a discriminação e o racismo. Tratava-se da naturalização de processos sociais que buscavam manter o negro na condição subalterna, particularmente no meio urbano.

Florestan Fernandes (1978, p. 28) afirma que, para os negros, na República Velha, foram abertas

> duas alternativas irremediáveis; vedado o caminho inequívoco da classificação econômica e social pela proletarização, restava-lhes aceitar a incorporação gradual à escória do operariado urbano, em crescimento, ou abater-se, penosamente, procurando no ócio dissimulado, na vagabundagem sistemática ou na criminalidade fortuita meios para salvar as aparências e a dignidade de homem livre.

Os africanos e seus descendentes no Brasil eram sempre vistos como escravizados, mesmo não o sendo. Porém, no final do século XIX, a violência e o racismo que os acompanhavam desde o século XVI tornaram-se institucionais, sendo patrocinados pelo sistema e pelo Estado Republicano. Mesmo na República os negros não eram considerados cidadãos, apesar de terem construído a civilização brasileira, como disse o jesuíta André João Antonil: "Os escravos são as mãos e os pés do senhor de engenho, porque sem eles não é possível fazer, conservar e aumentar fazenda, nem ter engenho corrente" (*apud* Bosi, 1993, p. 162).

O que Antonil, Vieira e Viana não disseram é que o legado africano é indiscutível, sobretudo porque foram os negros que fizeram deste país uma colônia de povoamento, cobrindo todos os rincões deste solo com suas mãos, seus pés e sua capacidade de trabalho. O Brasil não foi uma colônia de exploração, mas de povoamento (ainda que compulsória) para os africanos.

A contribuição africana para a nação tem sido imensa — não somente pelo seu trabalho manual, mas também pela sua produção musical, industrial, artística, científica e, sobretudo, institucional, nos âmbitos social e religioso. Ainda que na condição de escravizado, o negro é um civilizador.

> [...] foi o trabalho do negro que aqui sustentou por séculos e sem desfalecimento a nobreza e a prosperidade do Brasil; foi com o produto do seu trabalho que tivemos as instituições científicas, letras, artes, comércio, indústria etc., competindo-lhe, portanto, um lugar de destaque como fator da civilização brasileira.
>
> Quem quer que compulse a nossa história, certificar-se-á do valor e da contribuição do negro na defesa do território nacional, na agricultura, na mineração, como bandeirante, no movimento da independência, com as

armas na mão, como elemento apreciável na família e como herói do trabalho em todas as aplicações úteis e proveitosas. (Querino, 1988, p. 122)

Gilberto Freyre (1987, p. 462-3), a despeito de seu olhar senhorial, também diz:

[...] foi ainda o negro quem animou a vida doméstica do brasileiro de sua maior alegria. O português, já de si melancólico, deu no Brasil para sorumbático, tristonho; e do caboclo nem se fala: calado, desconfiado, quase um doente na sua tristeza. Seu contato só fez acentuar a melancolia portuguesa. A risada do negro é que quebrou toda essa "apagada e vil tristeza" em que se foi abafando a vida nas casas-grandes. Ele que deu alegria aos são-joões de engenho; que animou os bumbas-meu-boi, os cavalos-marinhos, os carnavais, as festas de Reis. [...] Nos engenhos, tanto nas plantações como dentro de casa, nos tanques de bater de roupa, nas cozinhas, lavando roupa, enxugando prato, fazendo doce, pilando café; nas cidades, carregando sacos de açúcar, pianos, sofás de jacarandá de ioiôs brancos — os negros trabalharam sempre cantando: seus cantos de trabalho, tanto quanto os de Xangô, os de festa, de ninar menino pequeno, encheram de alegria africana a vida brasileira. Às vezes um pouco de banzo: mas principalmente de alegria.

Muito embora possamos ter, na perspectiva de Querino (1988), um mundo quase idealizado e amalgamado pela cultura africana, não podemos negar que a violência foi recorrente no Brasil e atingiu milhões de africanos, muitos deles tendo sido eliminados durante a travessia dessa calunga grande que é o Atlântico. As mulheres negras foram submetidas a todo tipo de flagelo e humilhação, fosse ao trabalhar na lavoura, fosse ao acompanhar a sinhá à igreja. Elas foram usadas e violentadas de todas as formas na sociedade colonial e imperial, de raiz patriarcal e machista, com a complacência do Estado monárquico português e do Império do Brasil, e continuaram sendo em muitos casos também na República, posto que a mentalidade escravista ainda permanece ativa neste século XXI.

> Elas também não contaram com o apoio das sinhás, pelo contrário, em muitos casos perderam a vida a mando dessas outras mulheres brancas. Destes e outros tantos estupros elas tiveram que abortar, cometer o infanticídio ou mesmo se suicidar, não gerando essas crianças [...], posto que nasceriam também escravizadas mesmo quando o Brasil contava com a Lei do Ventre Livre, no século XIX. Desses processos sexuais muitas crianças miscigenadas nasceram no país. Em vários casos, as meninas africanas e afro-brasileiras tiveram que exercer o caráter purgativo diante de homens acometidos de sífilis. (Fonseca, 2008, p. 59)

Esse universo de violência a que foram submetidos os africanos e seus filhos nascidos no Brasil, denominados negros, foi produzido em larga medida pelo Estado, que os eliminou, escondeu e silenciou. Homens e mulheres negros deixaram como legado um universo semântico, linguístico e cultural, com signos e símbolos baseados em sua cosmovisão não cartesiana. Não obstante terem o Estado contra si — mesmo quando este se dizia a favor —, procuraram difundir, mediante suas crenças, valores ancestrais que nos fazem remeter à cozinha como lugar da partilha, dos segredos da divisão e da multiplicação, espaço da aprendizagem e dos cheiros, suores e segredos do que é ser um ser humano (Querino, 1988; Sousa Jr., 1996).

Segundo Raymundo Nina Rodrigues (1988), as atividades negras nas ruas de Salvador davam o tempero à terra. Era nas ruas — e somente nelas — que os negros demonstravam sua felicidade e vivacidade, sendo esse um sinal não de alienação, mas de enfrentamento e resistência ao Estado sisudo e violento que a história brasileira conheceu. A comida e o comércio também eram formas de encontrá-los burlando a vadiagem, tipificada como crime em uma sociedade em que os negros não adquirem emprego formal. Ainda de acordo com Rodrigues (1988, p. 101), as mulheres negras baianas, "em vendas ou quitandas, nas portas das casas, ou ambulantes em tabuleiros, praticam o comércio urbano de comidas feitas, especialmente dos preparados culinários africanos, muito do sabor da população, de condimentos, frutos, legumes, produtos da Costa".

As mulheres negras — escravizadas ou não — tiveram de mercadejar nas ruas e vielas para manter a si mesmas e a seus grupos. Muitas delas continuam a praticar atividades que fazem parte do legado naturalizado da escravidão, sobretudo porque o Estado brasileiro e suas instituições políticas e econômicas, bem como a própria sociedade civil, ainda não saíram do período escravista brasileiro. Isso não só porque vivemos apenas 1/4 de nossa história sem a mancha escravista, mas também porque muitos não querem renunciar a uma prática que impossibilitou à maioria populacional a competição por empregos, a participação nas políticas do Estado e da sociedade e a influência no destino dos recursos públicos distribuídos como benefícios sociais.

Mary Karasch (2000) revela que a maioria da população de negros libertos na primeira metade do século XIX, tanto no Rio de Janeiro como na Bahia, era composta por mulheres que haviam conseguido obter a própria alforria. Assim, comprova-se que as mulheres negras estavam situadas majoritariamente nas zonas urbanas. Essa superioridade percentual de escravizadas conquistando a liberdade se justifica geralmente pelos seguintes motivos:

a) em razão da compra de alforria por seus companheiros, também escravizados, que preferiam libertá-las a obter a própria liberdade, para que elas tivessem com eles filhos livres. Isso era comum, pois segundo Karasch a mulher valia menos que o homem;
b) pelo fato de que algumas mulheres escravizadas recebiam a alforria mediante bons trabalhos prestados a outras mulheres brancas. Portanto, essas relações íntimas propiciavam a libertação, posto que brancas e negras se tornavam amigas e confidentes. Mas também havia casos em que mulheres brancas abandonavam suas escravizadas idosas à própria sorte;
c) por conta de relações íntimas com homens, especialmente com seus senhores escravistas, mas também com estrangeiros que migravam para o Rio de Janeiro sem esposas. A relação íntima e as uniões consensuais lhes permitiam obter a liberdade, bem como a de seus filhos com esses homens;

d) em decorrência de seu trabalho nas ruas como ganhadeiras e vendedoras de verduras, frutas, doces e salgados, era possível às negras economizar recursos e comprar a própria liberdade — e, por vezes, a de seus filhos.

Foi nesse contexto que as mulheres negras — africanas e brasileiras — conseguiram a liberdade: algumas desempenhando o trabalho nas ruas e vielas, outras nas asas dos senhores, como companheiras e confidentes. O fato é que todas elas negociaram com quem podia libertá-las e souberam identificar aliados poderosos para sobreviver (Karasch, 2000; Fonseca, 2000).

4
Leis, decretos e constituições do Estado escravista luso e brasileiro — O negro como protagonista

Os africanos e seus descendentes, os negros nascidos no Brasil, estiveram presentes em todo o processo de construção da sociedade brasileira e do Estado, do período de consolidação das possessões territoriais lusas até a República. Leis, decretos e constituições reservaram espaço significativo para esse público, garantindo-lhe sempre artigos, parágrafos e incisos marcantes. O Estado monárquico português e o Império do Brasil estiveram atentos à elaboração de políticas públicas que explicitassem o lugar do africano e do negro nacional na sociedade brasileira de ontem, configurando o quadro étnico-racial que encontramos hoje.

No entanto, não foi a abundância de leis, decretos e constituições que diminuiu as diferenças de tratamento e a desigualdade socioeconômica entre negros, indígenas e brancos nacionais e estrangeiros. Ao contrário, as diversas leis constituídas pelos Estados português e brasileiro, entre os séculos XVI e XIX, tiveram como objetivo ampliar e aprofundar as distinções entre uns e outros, dividindo a sociedade e os grupos humanos em partículas separadas e quase estanques. Daí que as políticas, os decretos e as ordenações foram pautados pela presença ativa e majoritária da população negra — africana e brasileira —, que foi protagonista de parte considerável da legislação vigente no período mencionado. No entanto, tal legislação não foi elaborada por ela; ao contrário, as leis visavam alijar os negros política e juridicamente dos benefícios sociais construídos com seu esforço.

O fato é que as Ordenações Afonsinas (1446-1447), Manuelinas (1512-1513) e Filipinas (1603), implantadas no Brasil no período colonial, vigoraram até 1916, quando se instituiu um novo Código Civil. Tais ordenações, erigidas pelo Estado português, traduziram-se em tremendas desigualdades, uma vez que a punição de qualquer infração ou crime era analisada segundo o *status* social do infrator. O escravista não era punido, enquanto o escravizado o era de forma severa, exemplar e em caráter irrevogável — demonstrando que as leis implantadas no Brasil cristalizavam a ausência de qualquer norma igualitária e universalizante.

As Ordenações Filipinas embasaram o pensamento de diversos homens da Igreja em relação à escravidão. Vejamos o que dizia o jesuíta italiano Jorge Benci em sua *Economia cristã dos senhores no governo dos escravos*, de 1705 (*apud* Lara, 1999, p. 36):

> [...] O escravo calejado com o castigo já não o teme; e, porque não o teme, não lhe aproveita [...]. Haja açoites, haja correntes e grilhões, tudo a seu tempo e com regra e moderação devida, e vereis como em breve tempo fica domada a rebeldia dos servos; porque as prisões

e açoites, mais que qualquer outro gênero de castigos, lhes abatem o orgulho e quebram os brios.

Na mesma época, o também jesuíta André João Antonil [Giovanni Antonio Andreoni] recomendava aos escravistas que concedessem aos africanos "pão, pano e pau" — pão para aguentar o duro trabalho no eito; pano para cobrir as vergonhas; pau para andar na linha. (Atualmente, em pleno século XXI, vemos que a lógica dos "três pês" lançada por Antonil ampliou-se nas cadeias brasileiras. Hoje, a lógica é a dos "cinco pês". As prisões contemporâneas são para "pretos, pardos, pobres, periféricos e putas", mas nem sempre são esses os "pilantras" e os "picaretas".)

Por mais que alguns documentos do Estado e da Igreja buscassem minimizar a violência escravista, mantinham-na como instituição do Estado e da vontade de diversos parceiros comerciais, de investidores e da própria nobreza lusa. Recomendar a minimização da violência não significava de maneira alguma extingui-la, tampouco abolir a escravatura no século XVIII — muito ao contrário, já que no período o ingresso de africanos escravizados no país era fundamental para o ciclo da mineração.

As ponderações dos religiosos pretendiam apenas constituir metodologias e técnicas mais eficientes para lucrar com o trabalho dos negros (africanos e brasileiros). Nesse período, a Igreja, com os agentes do Estado monárquico luso, cumpriu o papel de controlar a população civil, militar e escravizada, especialmente nas regiões mineradoras. Conjugaram-se a esses esforços as temidas expedições do Santo Ofício, que prendiam e julgavam aqueles considerados "desviantes" da religião.

Com a decadência da mineração, no final do século XVIII, o cultivo do café na fronteira entre o Rio de Janeiro e a província de São Paulo (atual estado de São Paulo) acarretou uma mudança drástica na paisagem rural e na economia do país. O número de escravizados cresceu muito, pois seu trabalho era primordial nas fazendas paulistas.

Assim, no início do século XIX, os escravizados foram deslocados da região Nordeste e de Minas Gerais, ambas em decadência, para a província de São Paulo. Agora os negros escravizados eram traficados no próprio território nacional, uma vez que o tráfico internacional havia sido proibido pela Inglaterra.[7]

Os senhores escravistas de então, conhecidos como "barões do café", enriqueceram não somente com o tráfico interno, mas principalmente com a excelente posição que o café adquiria no mercado agrícola mundial. Entre o final do século XIX e o início do século XX, o café se transformou no carro-chefe da economia nacional.

O escoamento da produção agrícola do interior paulista para o litoral não podia mais se dar como antes, pela força das tropas de mulas e burros. O café e a economia exportadora nacional tinham de atender às exigências internacionais, a fim de abastecer o mercado e se tornar hegemônicos. Diante dessa realidade, os barões do café e a nascente classe média enriquecida promoveram uma revolução nos transportes brasileiros, investindo na construção da linha férrea que ligava o litoral (Santos) ao interior

....

7. Não havia nada de "humano" nessa política da Inglaterra. Impulsionado pela Revolução Industrial, o país almejava ampliar seu mercado consumidor, o que somente seria possível em países com mão de obra livre.

(Jundiaí, Campinas, Ribeirão Preto). Mais tarde, outros troncos ferroviários foram constituídos a fim de escoar o café oriundo de áreas diversas do estado de São Paulo (Ferreira, 2004, 2010).

A construção da ferrovia acarretou a contratação de mão de obra livre nacional, mas sobretudo impôs um trabalho hercúleo aos negros escravizados. A transposição das matas e a colocação dos trilhos eram executadas por eles, que eram tratados como verdadeiros animais de tração. Nesse sentido, a economia cafeeira abrigou dois tipos de trabalhador negro: um, ligado ao plantio; outro, vinculado ao transporte ferroviário.

Toda essa transformação na economia provocou mudanças também na mentalidade. Influenciada pelo liberalismo inglês, a elite cafeeira absorvia as ideias da "ciência racial" europeia. Segundo tal ciência, o Brasil, fundado na miscigenação entre negros, indígenas e brancos, estava fadado ao atraso. Assim, a necessidade de embranquecimento começava a ser difundida. Só por meio da "depuração" das raças o país se tornaria civilizado.

Entretanto, se o universo escravista paulista ouvia essas ideias advindas da Europa, também se informava sobre as revoltas que grassavam por todo o país, inclusive no interior da província de São Paulo. Tais lutas tinham caráter nitidamente negro e popular, mas também refletiam o descontentamento da população branca e pobre, desassistida pelos órgãos governamentais. Reivindicava-se liberdade, terra e o fim da violência escravista no campo e na cidade.

Dessa forma, a economia cafeeira aumentou o fluxo de informações, a população e o capital econômico, cultural e político em São Paulo. Mas a violência também acompanhou esse processo e o faz até os dias atuais, por fatores vinculados também à ampliação da desigualdade social e étnico-racial e à demora do Estado para instituir políticas públicas que amenizem essas distorções econômicas.

5
As leis abolicionistas no bojo da resistência negra e popular

O pensamento liberal que chegou ao Brasil no início do século XIX, fruto da revolução burguesa na França e da Revolução Industrial inglesa, influenciou a mentalidade dos barões do café paulistas. Estes não esperaram pela corte portuguesa no Rio de Janeiro para viabilizar as iniciativas necessárias para ampliar seus negócios agrícolas e comerciais.

Em um primeiro momento, procuraram aumentar o ganho de capital comprando mão de obra escravizada nas fazendas de cana decadentes do Nordeste, sobretudo na Bahia, e em algumas localidades de Minas Gerais, mas também constataram que o tráfico interno tinha um limite econômico. Perceberam, ainda, que o tráfico transatlântico estava com os dias contados, bem como o sistema escravista mantido pelo trabalho forçado e não remunerado e pela violência que campeava no mundo rural em função da luta dos negros, escravizados e já livres, por liberdade.

Diante dessa situação, e das pressões inglesas e das camadas liberais paulistas presentes no parlamento, na corte e na faculdade de Direito, era necessário diminuir a população negra, que agora começava a ser temida — sobretudo pelos barões do café e pelos estancieiros gaúchos, mas também pela elite urbana — em decorrência da revolta negra no Haiti, que levou à ascensão da primeira República negra das Américas (1804).

Nesse contexto de problemas sociais no campo, na cidade e nos espaços institucionais brasileiros, o escravismo acabou se tornando uma preocupação constante. Os barões do café paulista depararam com demandas de liberais, republicanos e antiescravistas convictos que engrossaram e fomentaram a luta dos escravizados.

No grupo dos abolicionistas, encontravam-se negros livres, mestiços (pardos e mulatos) e brancos. Homens do porte político de André Rebouças, José do Patrocínio, Joaquim Nabuco — e, antes deles, o negro livre Luiz Gama — lutavam contra o sistema escravista presente no Brasil. Gama proferiu uma frase que ficou muito famosa: "O escravo que mata o senhor, seja em que circunstância for, mata sempre em legítima defesa".

Em São Paulo, o movimento abolicionista agiu principalmente pelas mãos do grupo conhecido como "Os Caifazes", liderado pelo advogado Antônio Bento. Entre as estratégias do grupo estavam facilitar fugas das fazendas de café, conduzir os fugitivos para a capital paulista e encaminhá-los para o litoral santista, permitindo que eles se embrenhassem na mata atlântica e chegassem ao quilombo do Jabaquara, que ficava na Baixada Santista.

As leis abolicionistas no Brasil Império vieram à tona no bojo de um movimento que se fazia presente em diversos pontos do território nacional. Naquele momento, o contexto político e econômico favorecia a discussão sobre o fim da escravidão e sobre o enfraquecimento do regime escravista.

No entanto, tais leis não eram apenas favoráveis aos negros escravizados: paradoxalmente, também beneficiavam os barões do café e outros escravistas, que inclusive participaram da elaboração de certas leis. Dessa forma, a legislação do Império não foi elaborada, votada e promulgada sem a participação de escravistas. Vejamos.

A LEI EUSÉBIO DE QUEIRÓS

Conhecida como "lei do fim do tráfico", foi aprovada em 4 de setembro de 1850 e visava acabar definitivamente com o tráfico escravista da África para o Brasil. No entanto, essa determinação legal não o extinguiu de imediato; ele se prorrogou de maneira ilegal até o fim do século XIX.

A Lei Eusébio de Queirós foi promulgada para obedecer à legislação inglesa, que proibia o tráfico de escravizados. Em 1845, a corte inglesa aplicou o "Ato de Supressão do Tráfico Escravo", que ficou conhecido no Brasil como "Bill Aberdeen". Ao proibir o comércio de negros escravizados entre a África e a América, a lei impactou as relações entre o Brasil e a costa oeste da África, pondo fim ao grande fluxo comercial existente no Atlântico Sul.

Como vimos, os ingleses, em franca Revolução Industrial, desejavam mercados livres e consumidores de bens — o que era impossível com a escravidão. Assim, em nome do capitalismo industrial, a Inglaterra praticamente obrigou diversos países do mundo a suspender o tráfico.

Diante das pressões britânicas, o então ministro Eusébio de Queirós promulgou a lei. A preocupação das nossas autoridades não era com o fim do tráfico, mas com a imagem do Brasil diante do mundo desenvolvido e industrializado. A lei não afetou a estrutura econômica do Império, mas, como já mencionamos, aumentou o tráfico interno no país.

A lei do fim do tráfico teve diversos desdobramentos, entre eles a formulação de políticas públicas por parte do Estado imperial brasileiro. Houve o financiamento paulatino da imigração europeia, com subsídios para os imigrantes que se instalaram no Brasil — subsídios esses que só cessaram de fato na década de 1930. O objetivo dessa política era encaminhar trabalhadores europeus para pequenas propriedades rurais situadas em locais estratégicos, tais como os próximos às vias férreas, hidrográficas e em regiões de fronteira.

Em ofício de 27 de junho de 1884, o ministro da Agricultura, Antônio da Silva Prado, solicitava aos proprietários rurais que propiciassem aos imigrantes o acesso à terra, inclusive cedendo parte de pequenos lotes para que eles pudessem trabalhar. O Estado, por seu turno, procuraria ceder gratuitamente alguns lotes ou subsidiar a compra destes.

Essa política pública adotada pelo Império era contraditória, uma vez que a Lei de Terras, de 1850, dizia que a terra só poderia ser obtida mediante compra. Porém, no ofício mencionado anteriormente, o ministro Antônio da Silva Prado afirma ter solicitado ao parlamento "a alteração da Lei de Terras, no sentido de tornar mais fácil a aquisição das mesmas por parte de colonos e imigrantes" (Prado, *apud* Zanetti, 2007). Ao mesmo tempo, a população negra, que adquiria paulatinamente a liberdade — mediante fuga ou pressões internas e externas — continuou sem a possibilidade de ter seu chão.

Se a imigração europeia teve início em 1820, após o decreto de abertura às nações amigas promulgado por D. João VI, foi na segunda metade do século XIX que ela se mostrou de fato uma política pública voltada para o processo de branqueamento da população brasileira, uma vez que trazia preferencialmente refugiados das guerras de unificação da atual Alemanha. Havia, então, dois discursos: um apontava o Brasil como país devotado às práticas humanistas, recebendo as populações desfavorecidas pela história; o outro ressaltava a necessidade de "melhorar" a população brasileira, sobretudo seu fenótipo e sua cultura.

Todavia, essa política pública não explicitava somente o desejo de branqueamento do país, mas o de impedir que a população negra escravizada e livre almejasse uma sociedade diferente, em que pudesse ser reconhecida como a construtora do país.

Arquitetava-se a constituição de um novo Estado-nação, que manteria as bases sociais classistas e racistas do período imperial, porém delegando à população branca nacional de origem europeia o manto que encobriria as mazelas dos negros. Estes foram relegados à invisibilidade e ao silêncio.

A LEI DO VENTRE LIVRE

Aprovada em 28 de setembro de 1871 depois de incansáveis debates, a Lei do Ventre Livre declarava livres os filhos de mulher escravizada que nascessem a partir de sua promulgação. Também previa medidas para a criação das crianças e o tratamento dado a elas.

Na realidade, a lei não libertou os negros nascidos de mulheres escravizadas, pois eles dependiam dos cuidados maternos, sobretudo da amamentação. Muitas crianças foram tiradas das mães pelos escravistas. Ao mesmo tempo, um grande número de mulheres foi obrigado a abortar seus filhos. Inúmeras crianças que chegaram a nascer após a Lei do Ventre Livre foram colocadas na roda dos expostos[8] de congregações religiosas e das Santas Casas de Misericórdia, ou deixadas ao léu nas ruas.

Estudos históricos, sociológicos e antropológicos têm demonstrado que essa lei levou ao surgimento das crianças de rua, sem pais nem adultos responsáveis. Sua principal consequência foi o abandono de crianças negras em uma dimensão jamais vista no país, sobretudo porque antes elas geravam renda para os escravistas e até para religiosos — fosse servindo como mensageiras, vendedoras de quitutes ou atuando como empregadas alugadas.

As crianças negras nascidas de mulheres escravizadas antes da Lei do Ventre Livre tornaram-se meninos e meninas de ganho. Elas constituíram verdadeiras fontes de recursos para diversas congregações religiosas que tinham seus criatórios negros — ou "fazendas criatórios", como diz Piratininga Jr. (1991, p. 31): "Essas fazendas criatórios atestam a existência de uma intenção beneditina pela reprodução escrava. Resguardando-se de compras frequentes, optaram pela procriação. É preciso lembrar ainda que muitos escravos vinham por doações".

Segundo Chiavenato (1986, p. 116),

....

8. Espécie de nicho cilíndrico que existia na porta de estabelecimentos religiosos que permitia a colocação de bebês sem que os pais fossem identificados. Ao girar a roda, a criança passava para o lado de dentro do convento ou hospital, sendo posteriormente encaminhada para adoção.

[...] Previdente, a Igreja será o primeiro grande proprietário de escravos a pensar na escassez que a repressão ao tráfico trará. Manterá "criatórios" e estimulará a reprodução. Em Pernambuco, por exemplo, os padres terão "escravos próprios", de sua criação. Nesse processo, eles vão inclusive estimular o cruzamento entre brancos e negras, para conseguirem escravos mais "apurados". Nunca, porém, permitirão o cruzamento de pretos com brancas. [...] E, ao contrário do branqueamento que se implantaria posteriormente na sociedade brasileira, os padres estimulariam o "pretejamento", fazendo cruzar sempre que possível preto com preta e obrigando mulatos claros a procriarem com negras retintas [...] A Ordem de São Bento chegou ao requinte de manter uma fazenda criatório no Rio de Janeiro, onde as crias negras ficavam até ter idade suficiente para o trabalho escravo nas propriedades desses religiosos espalhadas pelo interior. [...] os Carmelitas também mantinham uma fazenda criatório no Rio de Janeiro, de onde saíam negros que eles alugavam na cidade e que rendiam duas vezes mais que o trabalho na roça.[9]

A LEI DOS SEXAGENÁRIOS

Também chamada de Lei Saraiva-Cotegipe, foi promulgada em 28 de setembro de 1885 e garantia liberdade aos

---

9. Segundo Piratininga Jr. (1991), após a Lei do Ventre Livre, a Ordem de São Bento alforriou mais de 4 mil negros escravizados em todo o país.

negros escravizados com mais de 60 anos de idade. Essa lei não teve qualquer efeito significativo na história da escravidão no Brasil — poucos eram os negros submetidos à condição de escravizados que atingiam tal idade —, mas ainda assim enfrentou grande resistência dos latifundiários paulistas e cariocas.

O fato é que a lei libertava apenas aqueles que já não podiam produzir renda para o escravista. Milhares de idosos foram abandonados à própria sorte. A liberdade concedida não lhes possibilitava a manutenção digna. Ao contrário: deixava-os vulneráveis diante de uma condição social — a da liberdade — que não conheciam. Alguns poucos tiveram o respaldo das irmandades e confrarias negras. Outros foram para as ruas. Mas a maioria permaneceu na fazenda ou no sobrado vivendo uma pseudoliberdade com a família do escravista e sendo submetida às tiranias e vilanias de feitores, capatazes etc.

A Lei dos Sexagenários sinalizou à sociedade brasileira que a escravidão agonizava e que o Brasil caminhava para a abolição da escravatura. A lei dialogava com outras medidas do Estado brasileiro para propiciar um novo arranjo nas forças produtivas do Brasil. Tal processo era implementado aos poucos, porém de modo constante, sendo muito bem pensado pelos políticos brasileiros.

Em resumo, tanto a Lei do Ventre Livre como a Lei dos Sexagenários se vinculam ao processo de abandono daqueles que não tinham capacidade produtiva no país, segundo os interesses liberais. Aos olhos destes, esses segmentos populacionais significavam apenas despesas orçamentárias. Essas leis provocaram um recrudescimento dos movimentos de resistência social e popular contrários à manutenção do escravismo, pois ficava patente que velhos e crianças eram abandonados ao léu, às margens da sociedade imperial.

A LEI ÁUREA

Essa lei foi assim chamada porque foi encarada pela monarquia da época como uma lei valiosa, a mais importante da história do Brasil. Assinada em 13 de maio de 1888 pela princesa Isabel, extinguiu a escravidão no Brasil.[10] O movimento abolicionista era um dos principais atores no cenário brasileiro de então, propiciando a fuga de negros de diversas fazendas do país, sobretudo no Sudeste cafeicultor, como vimos.

A manutenção do sistema escravista já era inviável economicamente e insustentável politicamente no âmbito nacional e internacional. Diante das pressões, até o Exército se recusava a capturar negros e negras que fugiam para viver em quilombos, pois não era sua função social fazê-lo.

Em paralelo, a concorrência com os trabalhadores assalariados já se tornara notória. Para os liberais, a mão de obra imigrante era mais barata, pois não se fazia necessário gastar com alimentação, vestuário e habitação. Além disso, o imigrante não atacava o sistema, não fugia para as matas, não reagia com violência aos desmandos do patrão.

Infelizmente, a Lei Áurea não expressou na realidade a libertação dos negros escravizados, pois muitos já se encon-

---

10. O Brasil foi o último país independente do Ocidente a eliminar oficialmente a escravidão.

travam em liberdade por sua conta e risco, sobretudo na luta que empreenderam durante séculos de escravidão no Brasil. Ela atingiu apenas 5,6% de escravizados no período imperial, segundo dados da época (Chiavenato, 1986), ou seja, menos de 1 milhão de negros de uma população estimada de 15 milhões de habitantes. Esse número tão baixo se justifica pelas leis anteriores; pelos atos de insubordinação ativa dessa população; pela varíola e por outras epidemias; pela Guerra do Paraguai e por outras lutas políticas encabeçadas por negros — Revolta dos Malês (Bahia), Cabanagem (Pará), Balaiada (Maranhão) — ou com a participação ativa destes, como na Revolução Farroupilha (Rio Grande do Sul).

Nesse sentido, várias lutas e diversos processos políticos impuseram uma diminuição drástica da população negra. Fosse na condição de escravizados, fosse na de livres e empobrecidos, os negros, antes e depois da abolição, sempre viram sua população diminuir significativamente — o que permitiu que a política imigracionista e de branqueamento da população brasileira fosse cada vez mais eficaz.

A Lei Áurea teve apoio de todas as lideranças negras do período, embora não deixasse de ser criticada por não fornecer nenhuma garantia institucional aos ex-escravizados. Tratava-se, obviamente, de uma dívida social do Estado imperial para com os negros, sobretudo o acesso à terra e o acesso à moradia, como preconizava o engenheiro negro André Rebouças. José do Patrocínio, outro abolicionista, considerava extremamente importante que os recém-libertos tivessem educação formal e profissional, sobretudo nos liceus de artes e ofícios.

Além de não terem recebido qualquer benefício social por parte do Estado naquele momento, os negros ainda foram obrigados a lidar com o racismo, com a discriminação e com a marginalização social impostos pelo Estado republicano e pela sociedade civil da época. Isso os condenou a viver na exclusão, fato que repercute até os dias de hoje.

Atualmente, quando se reflete sobre o dia 13 de maio de 1888, compreende-se aquele momento com base em outras referências históricas do período.

Há muito tempo se pergunta se existem motivos para que a população brasileira, principalmente os negros, tenha o que comemorar em relação à Lei Áurea. A resposta é: sim, pois a assinatura dessa lei não foi um ato de caridade, mas um ato político que firmou o reconhecimento do Estado brasileiro de que não havia mais condições de manter o sistema escravista. A tensão social era constante nas fazendas, nas casas-grandes, nas senzalas, nos quilombos, nas irmandades, nas ruas e vielas do Império.

Assim, um dos objetivos da Lei Áurea era diminuir o impacto econômico e político da escravidão, bem como a violência social. A elite do Império "deu os anéis para não perder os dedos". O país estava aprisionado pela própria violência que criara e alimentara durante séculos.

O dia 13 de maio de 1888 marcou um momento de vitória dos movimentos sociais de resistência à sociedade brasileira de então. Movimentos esses cujos membros trabalhavam em diferentes instâncias institucionais, inclusive em espaços privados e subterrâneos, mas sempre em prol da liberdade. É importante lembrar que essa resistência não nasceu no final do século XIX, mas com a chegada do primeiro português conquistador. A partir de então, indígenas, negros africanos de diferentes etnias e brasileiros de várias regiões e províncias — escravizados, livres e alforriados —, aliados a brancos de diversas nacionalidades e condições sociais, combateram o sistema escravista implantado no Brasil.

A Lei Áurea não pode ser vista como símbolo da derrota ou de que os negros foram ludibriados pela princesa Isabel. Ela própria foi convencida a assinar a citada lei pela situação social imposta por negros livres e escravizados e por abolicionistas. Luiz Gama, José do Patrocínio, André Rebouças, Antônio Bento, entre outros, foram também convencidos pelo clamor das ruas, pelo desconforto social e psíquico provocado pela escravidão.

A Lei Áurea deve ser vista como uma grande conquista, ainda que só restasse uma minoria a ser libertada em 1888. O fato é que o sistema escravista já estava em estado terminal. Ele cairia não pelos interesses dos ingleses, dos abolicionistas e dos republicanos nacionais, mas pela pressão interna de uma população aguerrida e comprometida com seus legítimos interesses políticos, sociais e humanos de liberdade — mesmo que tardia ou precária.

Em suma, a Lei Áurea não veio porque os negros livres e escravizados estavam acomodados nas fazendas, nas senzalas, servindo de bom grado a "sinhôs" e "sinhás"; se assim o fosse, ainda estaríamos enredados no sistema perverso perpetrado por 350 anos no Brasil. O escravismo demorou a cair, mas caiu pela força, vontade e determinação de muitos, não pela graça de pseudorrepublicanos e liberais altruístas. O dia 13 de maio de 1888 foi uma *vitória dos negros em movimento* dos séculos XVI a XIX.

Essa interpretação visa demonstrar que há outras abordagens possíveis para o processo que desencadeou a abolição da escravatura. A visão hegemônica desse período tem focado prioritariamente o papel desempenhado por abolicionistas nas Assembleias Legislativas, como o trabalho desenvolvido pelo deputado pernambucano Joaquim Nabuco — que, com seu liberalismo, contribuiu para o processo.

No entanto, é preciso ressaltar a resistência exercida pelos próprios negros escravizados e livres, sobretudo os que empreenderam diversos conflitos nas áreas urbanas e rurais do Brasil — como a Revolta dos Malês — e os milhares de quilombos espalhados pelo país. Muitos desses combatentes só foram reconhecidos recentemente. Com estudos de historiadores, antropólogos, sociólogos e linguistas, a sociedade e o Estado vão comprovando sua importância na luta pela liberdade no final do século XIX, inclusive nas pressões para que a Lei Áurea fosse assinada.

Todavia, não abdicamos de levar em conta todos os protagonistas que deram uma justa e importante contribuição à liberdade de homens e mulheres escravizados no Brasil. Nesse sentido, é importante trazer à luz esse fato a fim de compreender que a lógica capitalista empreendida pela Inglaterra e a expansão das ideias liberais somente encontraram solo fértil no Brasil em função da cultura da resistência que negros e negras, brasileiros e africanos, mantiveram no Brasil desde o século XVI.

• • •

O próximo passo após a abolição deveria ser a concessão de terras aos ex-escravizados. A terra era a única maneira de os africanos e seus descendentes participarem da sociedade e tomarem parte no sistema educacional, na saúde etc. O ranço do escravismo e do racismo precisava ser apagado.

No entanto, a Lei n. 3.353 (de autoria de Antônio da Silva Prado, ministro da Agricultura e fazendeiro incentivador da mão de obra europeia), de 13 de maio de 1888, não previa nenhuma forma de indenização aos negros:

> A Princesa Imperial Regente, em nome de Sua Majestade o Imperador, o Senhor D. Pedro II, faz saber a todos os súditos do Império que a Assembleia Geral decretou e ela sancionou a lei seguinte:
> Art. 1º É declarada extinta desde a data desta lei a escravidão no Brasil.
> Art. 2º Revogam-se as disposições em contrário.
> Manda, portanto, a todas as autoridades, a quem o conhecimento e execução da referida Lei pertencer, que a cumpram, e façam cumprir e guardar tão inteiramente como nela se contém.
> O secretário de Estado dos Negócios d'Agricultura, Comércio e Obras Públicas e interino dos Negócios Estrangeiros, bacharel Rodrigo Augusto da Silva, do Conselho de sua Majestade o Imperador, o faça imprimir, publicar e correr.
> Dada no Palácio do Rio de Janeiro, em 13 de maio de 1888, 67º da Independência e do Império.
> Princesa Imperial Regente[11]

Vejamos uma carta escrita pela princesa Isabel ao Visconde de Santa Victória em 11 de agosto de 1889, na qual a princesa trata da reforma agrária para os ex-escravizados:

....

11. Disponível em: https://www.planalto.gov.br/ccivil_03/leis/lim/lim3353.htm. Acesso em: 17 abr. 2024. A grafia do documento foi atualizada.

Caro Senhor Visconde de Santa Victória

Fui informada por papai, que me colocou a par da intenção e do envio dos fundos de seu Banco em forma de doação como indenização aos ex-escravos libertos em 13 de maio do ano passado, e o sigilo que o senhor pediu ao presidente do gabinete para não provocar maior reação violenta dos escravocratas. Deus nos proteja de que os escravocratas e os militares saibam deste nosso negócio, pois seria o fim do atual governo e mesmo do Império e da Casa de Bragança no Brasil. Nosso amigo Nabuco, além dos srs. Rebouças, Patrocínio e Dantas, poderão dar auxílio a partir do dia 20 de novembro, quando as Câmaras se reunirem para a posse da nova legislatura. Com o apoio dos novos deputados e os amigos fiéis de papai no Senado será possível realizar as mudanças que sonho para o Brasil! [...] com os fundos doados pelo senhor, teremos oportunidade de colocar esses ex-escravos, agora livres, em terras suas próprias, trabalhando na agricultura e na pecuária e delas tirando seus próprios proventos. [...]

Mas não fiquemos no passado, pois o futuro nos será promissor se os republicanos e escravocratas nos permitirem sonhar mais um pouco. Pois as mudanças que tenho em mente, como o senhor já sabe, vão além da liberação dos cativos. Quero agora me dedicar a libertar as mulheres dos grilhões do cativeiro doméstico, e isto será possível através do sufrágio feminino! Se a mulher pode reinar, também pode votar!

Agradeço vossa ajuda de todo meu coração e que Deus o abençoe! [...]
Muito de coração,

Isabel[12]

Essa carta exemplifica as preocupações em torno do destino da população negra no país, sobretudo quanto à necessidade de fazer justiça social e pagar uma indenização àqueles que haviam construído o Brasil desde o século XVI. No documento, Isabel considera que, ao contrário do que pretendiam os escravistas, a indenização deveria ser concedida aos negros e a seus descendentes. Ela reforça, ainda, a tese de vários abolicionistas de que uma reforma agrária no país era premente. Só assim se poderiam dar meios de subsistência aos ex-escravizados.

Ao tecer comentários sobre a reforma agrária, a princesa também faz menção à política criada pelo então ministro da Agricultura, Antônio da Silva Prado, para subsidiar os milhares de famílias de imigrantes europeus no Sul do país. O ministro era um dos fazendeiros que mais incentivavam o assentamento de europeus no campo, visando à transformação da mão de obra trabalhadora do país.

Na visão política de Isabel, a Lei Áurea precisava ser completada, pois a simples liberdade não dera condições efetivas para que os negros recém-libertos constituíssem uma nova realidade. Ela se baseava na realidade de muitos daqueles que se encontravam livres antes da lei, mas perma-

....

12. Disponível em: https://montecastelo.org/identidade-brasileira-2/identidade-brasileira/princesa-isabel-carta-ao-visconde-de-santa-vitoria-1889/. Acesso em: 17 abr. 2024. A grafia do documento foi atualizada.

neceram no campo e mantiveram o cotidiano e as mesmas relações de subserviência. Os que partiram para a cidade foram marginalizados.

Isabel tinha plena consciência de que qualquer medida em favor dos negros seria combatida firmemente por liberais, militares e republicanos — tanto que previu que políticas sociais em prol dos ex-escravizados poderiam provocar a queda do Império. A princesa estava certa: com a proclamação da República, em 15 de novembro de 1889, o movimento golpista de militares, fazendeiros, liberais e republicanos barrou a abertura da Câmara e a tramitação de projetos de lei e de políticas sociais com o teor proposto pela Casa de Bragança.

Assim, o golpe republicano antecedeu em cinco dias o projeto de lei que reconheceria a dívida social do Brasil com os negros e constituiria um conjunto de políticas públicas com nítido caráter afirmativo, com orçamento e fundo próprios.

Uma das primeiras medidas do governo republicano foi a queima sistemática de papéis, livros de matrícula e registros oficiais referentes à escravidão, inclusive aqueles que estavam vinculados ao tráfico e ao comércio escravista transcontinental e interno. Tal lei foi proposta pelo "abolicionista" Joaquim Nabuco e ordenada pelo ministro da Fazenda, Rui Barbosa. O objetivo era se livrar de qualquer documento que propiciasse pedidos de indenização por ex-escravizados. Mas a "desculpa" dada para a queima de parcela significativa desses papéis oficiais foi a de que ela era necessária para que os escravistas não pedissem ressarcimento.

Dessa forma, Rui Barbosa inverteu a responsabilidade dos fatos da Monarquia para a República. Isso justifica o fato de que muitos abolicionistas sérios e coerentes, como José do Patrocínio e André Rebouças, fossem inteiramente favoráveis ao regime monárquico e contrários ao ilusionismo republicano, sobretudo pelos projetos de lei que deveriam ser encaminhados pela princesa Isabel a fim de constituir políticas públicas que afirmassem o negro na sociedade brasileira — bem como permitissem às mulheres votar.

A lei, que contou com o apoio de intelectuais liberais e políticos republicanos, negou aos negros a possibilidade de conhecer sua história e a de seus antepassados. Com a queima de documentos, o Brasil negou um passado de violência, de inegável desajuste estrutural na sua história fundacional (Skidmore, 1976).

Essas medidas buscavam fincar as bases da nova sociedade inaugurada no dia 15 de novembro de 1889. Ou melhor, encobrir a história econômica, social, cultural e política do período colonial e imperial, ocultando os nomes de famílias que se locupletaram com o vil e infame comércio escravista, pois já se constatava que no futuro os negros poderiam solicitar as indenizações e reparações — do Estado e dos proprietários rurais — pelos trabalhos forçados a que foram submetidos por 350 anos.[13] Além disso, alguns es-

....

13. Essa era a intenção da Comissão da Nacional da Verdade da Escravidão Negra no Brasil, criada pela Ordem dos Advogados do Brasil (OAB) em 2016. Porém, muitos trabalhos não prosperaram, até por falta de vontade política de seus dirigentes e membros no âmbito nacional. Uma das exceções mais notórias foi desenvolvida em Araraquara (SP): ali foram digitalizados documentos relacionados ao tráfico interno de escravizados entre 1874 e 1887 — isto é, contratos de compra e venda instituídos por famílias brancas araraquarenses (Laurindo, 2023).

tados africanos poderiam entrar com representações internacionais contra o Brasil, por conta da expropriação e dos maus-tratos impostos à sua população.

No entanto, pesquisas recentes mostram que boa parte dos documentos sobre a escravidão não foi destruída. Na época da abolição, as informações ainda eram transmitidas com precariedade e lentidão; por outro lado, os cartórios e os capelães de muitas igrejas não tinham interesse em eliminar esses documentos. Por quê? Porque queriam receber as indenizações, os precatórios do Estado? Ou porque não queriam que negros e brancos deixassem de ter seu lugar definido na sociedade brasileira? Negros e brancos não poderiam esquecer quem eram? Preservar os documentos também tinha a função de deixar sempre a informação a descoberto, de lançar o outro a seu devido lugar.

Essas indagações são importantes, e estudos atuais demonstram que o negro tem uma história própria, que pode ser construída oralmente, e tem a chance de atualizar sua memória. Há documentos disponíveis para corroborar o seu intento de reivindicar medidas, projetos de lei, fundos e orçamentos para o atendimento de políticas sociais focais — sem que isso seja um obstáculo à sua participação em políticas universalistas constituídas pelo Estado brasileiro.

Voltando à abolição, as medidas dos republicanos e dos liberais contrários às propostas lançadas pela princesa Isabel e seu grupo de apoio davam conta também de que a reforma agrária no Brasil levaria não somente à democratização da terra, mas também da produção agrícola no campo — como demonstraram tantas vezes as populações quilombolas que cultivaram a terra. É o caso de Palmares, em que produziam óleo de coco e dendê, vinho de frutas e uma espécie de manteiga feita a partir das amêndoas de um tipo de palmeira. Como plantavam de tudo, sua alimentação podia ser mais farta e variada que a dos próprios senhores de engenho, cujo cardápio era limitado pelo fato de suas terras serem dedicadas quase totalmente ao cultivo de cana-de-açúcar. O trabalho agrícola tinha a função primordial de alimentar os moradores e só era vendido o que sobrasse. (Fonseca, 2003, p. 48)

A produção de policulturas estabelecida por negros quilombolas não visava constituir excedente ou lucro, nem mesmo cansar e exaurir a terra e o ecossistema, ao contrário do que acontecia com a monocultura. Essa realidade continua presente na agricultura plural de subsistência das roças quilombolas e indígenas e dos pequenos agricultores.

Para concluir este capítulo, lembremos que, se as propostas da princesa Isabel tivessem sido aprovadas, não teria ocorrido o imenso êxodo rural que atingiu as principais cidades do país na virada do século XIX para o XX — e que continuou em todo o século XX, particularmente nas capitais de São Paulo e do Rio Janeiro. A reforma agrária asseguraria à população livre e recém-liberta as condições efetivas para sua subsistência em terra própria, sem que precisassem sofrer os infortúnios do racismo no dia a dia das cidades brasileiras.

6
A República que não veio e a República que manteve o antes

O governo da Primeira República, chamada de República Velha (1889-1930), voltou-se eminentemente para os interesses exportadores da elite cafeeira e das demais oligarquias rurais do interior do Brasil, sem com isso apoiar nem incentivar a população negra e os empobrecidos em geral.

A República Velha manteve todo o ranço escravista e racista do período anterior, não enxergando no então cidadão negro um potencial trabalhador que pudesse contribuir com o desenvolvimento do país.

Diante dessa perspectiva racista dos dirigentes e intelectuais brasileiros, abriu-se espaço para a imigração de asiáticos, em particular os japoneses e os chineses. Estes haviam sido considerados pelos políticos brasileiros ainda no século XIX, mas não foram aceitos naquele momento porque eram vistos como uma população "fechada", que não produziria os resultados esperados segundo a perspectiva de miscigenação com a população nacional, especialmente a negra.

No entanto, como Japão e China enfrentavam conflitos internos e havia excedente populacional, a partir de 1908 os asiáticos vieram para suprir a falta de mão de obra europeia nas fazendas do Sudeste do país, sobretudo em São Paulo e nos estados vizinhos. Assim, no início da República esses trabalhadores foram aceitos nas lavouras cafeeiras do estado — independentemente do projeto assimilacionista e miscigenador da nação mestiça e cada vez mais clara, leia-se branca, que se queria construir abaixo da linha do Equador.

No governo de Floriano Peixoto, foi aprovada a Lei n. 97, que permitia a entrada de chineses e japoneses no Brasil. A elite nacional não queria a presença negra em nossas ruas, vilas e lavouras. Apesar de considerar os orientais inferiores aos brancos, acreditava que eram superiores aos negros.

Salvo raras exceções, como Alberto Torres e Manuel Bonfim, mantinha-se a mentalidade liberal e racista de Joaquim Nabuco — que foi um dos maiores defensores da abolição, mas somente para que o Brasil se transformasse em um país branco, moderno e industrializado.

Oliveira Viana (*apud* Skidmore, 1976, p. 221), por exemplo, dizia que o movimento migratório era necessário para a conquista do projeto de nação branca, mas não mencionava o elemento "amarelo":

> Esse admirável movimento imigratório não concorre apenas para aumentar rapidamente, em nosso país, o coeficiente da massa ariana pura: mas também, cruzando-se e recruzando-se com a população mestiça, contribui para elevar, com igual rapidez, o teor ariano do nosso sangue.

Já Afrânio Peixoto (*apud* Skidmore, 1976, p. 215) dizia:

Trezentos anos, talvez, levaremos para mudar de alma e alvejar a pele, e se não brancos, ao menos disfarçados, perderemos o caráter mestiço [...] Quantos séculos serão precisos para depurar-se todo esse mascavo humano? Teremos albumina bastante para refinar toda essa escória? Deus nos acuda, se é brasileiro.

Boa parte dos intelectuais acreditava que o caminho natural da sociedade brasileira era o branqueamento, sobretudo porque se entendia, à luz do darwinismo social, que o negro e o indígena desapareceriam pelo contato com as populações superiores. O próprio mestiço sucumbiria ao contato miscigenador do *homem branco*. Nunca se falava na mulher branca no processo miscigenador da população negra ou indígena. Mantinha-se, assim, a dupla mentalidade racista e machista do período anterior. Em tese, eugenia e hibridização da sociedade caminhavam de mãos dadas.

Durante a República Velha, sociedade e governo articularam diversas medidas para acelerar o processo de apagamento e silenciamento da população negra no país após a abolição. Tanto que os deputados federais Andrade Bezerra e Cincinato Braga apresentaram o Projeto de Lei n. 209, de 1921, que visava proibir o ingresso de imigrantes negros no Brasil, independentemente de sua nacionalidade. Entretanto, tal projeto não foi acatado; se o fosse, o Brasil admitiria ser um país racista, o que não era desejável para o Estado.

Institucionalmente, também se buscava apagar os negros da história, como apontou Fernando Azevedo (*apud* Skidmore, 1976, p. 228):

A admitir-se que continuem negros e índios a desaparecer, tanto nas diluições sucessivas de sangue branco como pelo processo constante de seleção biológica e social, e desde que não seja estancada a imigração, sobretudo de origem mediterrânea, o homem branco não só terá, no Brasil, o seu maior campo de experiência e de cultura nos trópicos, mas poderá recolher à velha Europa — a cidadela da raça branca —, antes que passe a outras mãos, o facho da civilização ocidental a que os brasileiros emprestarão uma luz nova e intensa — a da atmosfera de sua própria civilização.

Em 1913, o diplomata brasileiro Manuel de Oliveira Lima (*apud* Fonseca, 1989, p. 5) proferiu o seguinte discurso na Escola de Altos Estudos do Rio de Janeiro:

A imigração crescente dos povos de raça branca, a seleção sexual, o desaparecimento dos prejuízos de raça cooperam para a extinção a breve trecho dos mestiços no Brasil, país que se tornará no futuro, e não em futuro longínquo, segundo tudo leva a crer, um viveiro de gente branca e um foco de civilização latina.

Em função de estudos demográficos e antropológicos, João Batista de Lacerda, à época diretor do Museu Nacional, profetizava que em um século os mestiços teriam desaparecido do Brasil em virtude dos processos de miscigenação, imigração e das altas taxas de mortalidade. Em 1911, ao representar o Brasil no I Congresso Universal de Raças, em Londres, Lacerda proferiu o seguinte discurso (*apud* Skidmore, 1976, p. 82-3):

Já se viram filhos de *métis* [mestiços] apresentarem, na terceira geração, todos os caracteres físicos da raça branca. Alguns retêm uns poucos traços da sua ascendência negra por influência do atavismo [...] mas a influência da seleção sexual [...] tende a neutralizar a do atavismo e remover dos descendentes dos *métis* todos os traços da raça negra. Em virtude desse processo de redução étnica, é lógico esperar que no curso de mais um século os *métis* tenham desaparecido do Brasil. Isso coincidirá com a extinção paralela da raça negra em nosso meio. [...] Desde a Abolição, os pretos tinham ficado expostos a toda espécie de agentes de destruição e sem recursos suficientes para se manter. Agora, espalhados pelos distritos de população mais rala [...] tendem a desaparecer do nosso território.

Assim, Lacerda admitiu que durante o Império houve uma política pública deliberada de extinção da população negra no Brasil, e que ela continuava ativa na República — particularmente no âmbito da higiene e da saúde. Os negros permaneciam desprotegidos diante de outros agentes de destruição, inclusive sem amparo público na esfera da segurança alimentar e nutricional.

Podemos ver o resultado dessa política estatal nas estatísticas que demonstram a diminuição drástica da população negra no país, desde o início do século XIX. Segundo Chiavenato (1986, p. 174),

em 1800, os negros eram 47% da população; os mulatos, 30%; os brancos, 23%. Em 1880: negros, 20%; mulatos, 42%; brancos, 38%. Em 1890: negros, 14%; mulatos,

41%; brancos, 45%. Em 1940: negros, 14%; mulatos, 21%; brancos, 65%. Em 1950: negros, 11%; mulatos, 27%; brancos, 62%. Em 1960, o IBGE oferecia os seguintes dados: brancos, 61%; pardos, 29%; negros, 9%; amarelos, 1%. Em 1980: brancos, 54,77%; pardos, 38,45%; negros, 5,87%; amarelos, 0,63%.[14] Desde que a ideologia racial evoluiu para a política de um desejado branqueamento, a população negra no Brasil decaiu de 47% (1800), 20% (1880), 14% (1890 e 1940) para 11% em 1950. De 1800 a 1950, para falarmos com segurança, a população branca cresceu 34 vezes e a negra teve um aumento vegetativo de pouco mais de três vezes, que significa realmente uma diminuição de 53% em relação ao total de 1880.

É o mesmo Chiavenato (1986, p. 11) que nos traz dados elucidativos sobre esse aspecto quando se refere à Guerra do Paraguai:

> Quando começou a Guerra do Paraguai o Brasil tinha mais de 2,5 milhões de escravos; quando a guerra acabou, eles não chegavam a 1,5 milhão — em apenas seis anos (1864/1870) "desapareceram" 1 milhão de negros. A sociedade que foi capaz de tão rápido consumo de negros, transformando-os em bucha de canhão, tem seus herdeiros, ainda hoje, ignorando estes simples dados estatísticos. [...] Os resultados demográficos

---

14. Estima-se nesses dados estatísticos 0,28% de população ignorada. Nesse universo podem estar indígenas e outros grupos étnico-raciais não especificados no censo do IBGE.

da Guerra do Paraguai demonstraram a queda de 40% do total da população negra.

Skidmore (1976, p. 220-21) traz dados similares aos apresentados por Chiavenato, mas enfoca a análise efetuada por Oliveira Viana quando comparava os censos de 1872 e 1890:

Entre um e outro [censo], a proporção de brancos passou de 33% a 44%, enquanto que a de negros caiu de quase 20% para ficar a menos de 15% no total; a de mestiços caiu de 38% a 32%. A citação desses algoritmos por Oliveira Viana é ainda mais interessante em vista do fato de que o censo de 1920 não incluía um desdobramento por raça.

Vejamos os dados obtidos pelo antropólogo Arthur Lobo em pesquisa elaborada entre 1922 e 1923 sobre a composição étnico-racial do Exército brasileiro (apud Ramos, 1988, p. 13)[15]:

Brancos 59%
Mulatos e mestiços 30%
Negros 10%

Os dados estatísticos encontrados em 1922 por Roquette Pinto (apud Ramos, 1988, p. 13) se aproximam dos coletados por Lobo:

....
15. Estima-se nesses dados estatísticos a participação de 1% de população ignorada.

Brancos 51%
Mulatos 22%
Caboclos 11%
Negros 14%
Indígenas 2%

Esse conjunto de dados apontados por pesquisadores, políticos e funcionários do Estado brasileiro reflete as políticas públicas que foram sendo constituídas no Brasil desde o Império e informa qual era o projeto para a população negra brasileira. Todos os números e informações, do final do século XIX às primeiras décadas do século XX, denunciam o papel da medicina, da antropologia, dos políticos e da violência na contenção de revoltas por parte das populações escravizadas e ex-escravizadas no Brasil, particularmente após o apoio à imigração europeia.

Dessa forma, percebemos que os negros, a partir do século XVI, eram as mãos e os pés dos escravistas. Quando, a partir de 1830, o modo de produção brasileiro sofreu alterações, decidiu-se que os africanos e seus descendentes deveria desaparecer do cenário brasileiro sem qualquer indenização financeira, agrária ou outras medidas políticas que lhes permitissem participar da sociedade em igualdade de condições.

Essa mentalidade explica a repressão, sempre regada a sangue, a diversos movimentos e revoltas negras no século XIX, fazendo valer o velho e conservador ditado popular: "Negro bom é negro morto". Assim se justificam o medo e as manifestações de revolta das populações empobrecidas e negras quando foram lançadas as políticas sanitárias e higiênicas no Rio de Janeiro, no começo do século XX, acompanhadas da urbanização da capital federal à época (Chalhoub, 1996; Sevcenko, 1993, 1995).

De posse desses dados, não podemos dizer que o declínio da população negra se deu em decorrência da imigração e do projeto miscigenatório no país. Não que esse fenômeno deva ser negado. Mas ele precisa ser colocado no devido lugar: não houve condições para que a miscigenação ocorresse em larga escala, particularmente porque não havia tantas mulheres pretas e mestiças para ter relações sexuais com tão poucos homens brancos dispostos a tais relações, como tenta nos fazer entender Gilberto Freyre (1987, p. 283):

> Todo brasileiro, mesmo o alvo, de cabelo louro, traz na alma, quando não na alma e no corpo — há muita gente de jenipapo ou mancha mongólica pelo Brasil — a sombra, ou pelo menos a pinta, do indígena ou do negro. No litoral, do Maranhão ao Rio Grande do Sul, e em Minas Gerais, principalmente do negro. A influência direta, ou vaga e remota, do africano.

A realidade étnico-racial brasileira é bastante complexa, e não se pode cair em ingenuidades políticas, sexuais e socioeconômicas. Até porque os homens negros não participaram desse esforço miscigenatório, pois estiveram alijados do papel de gerar filhos mestiços com mulheres brancas. O processo miscigenatório brasileiro aparentemente minimiza a violência presente no passado de conquista territorial-colonial, diluindo as origens africanas e indígenas de nossa população, tornando-as apenas uma incômoda lembrança para uma grande massa populacional.

Ainda hoje, são raras as uniões interétnicas e inter-raciais no Brasil. O projeto miscigenador entre negros e brancas e entre brancos e negras não prosperou em decorrência de um conjunto de proibições e sanções sociais, sendo mais uma proposta dos acadêmicos colaboradores do Estado do que algo que ocorria na prática e com apoio político. Já a união entre nacionais e entre estes e os imigrantes era francamente estimulada.

Além de o projeto miscigenador não ter dado os resultados esperados, havia outro problema: uma população que não se via branca, mas também não se queria preta ou negra. A população mestiça não desejava viver sob a égide da exclusão e buscava o diálogo com brancos e negros. Foi assim que surgiu a flexibilização do branqueamento, por meio de outras terminologias que se pautam pela fenotipia (Diégues Jr., 1977) — como pardo, moreno, mulato, sarará, preto-aço, terceirão etc. —, na medida em que são marcadas apenas pela lógica do *dégradé*.

Essas considerações estão balizadas nas diferentes concepções do que é ser/estar negro e do que é ser/estar branco em nossa sociedade, visto que não se podem negligenciar as dinâmicas que são também fundamentadas em aspectos e ambientes situados histórica e espacialmente. Ser negro, indígena ou branco em alguns espaços geográficos, culturais e econômicos do país é diferente em alguns aspectos, particularmente em função do cabelo e da cor da pele. Daí se percebe que as linhas de cor, as classificações e terminologias servem para diversos fins, mas sobretudo aos políticos e econômicos.

Essa lógica de cores — as cores sociais — tem contribuído para mascarar a origem africana da população, minimizando seu potencial político na esfera social ao subtrair paulatinamente o sentido de pertencimento étnico-racial desses homens e mulheres.

Hoje, estudiosos das relações étnico-raciais e de setores do movimento negro brasileiro se esforçam para analisar e produzir conceitos que superem as velhas e novas armadilhas sociais, culturais, políticas e biológicas que definem o eu e o outro segundo dados, regras, normas e métodos classificatórios profundamente arbitrários.

7
Um Estado Novo, uma República Nova, mas a política é velha e de velhacos

Após o golpe que levou Getúlio Vargas à presidência da República, em 1930, o Brasil presenciou mudanças na política imigracionista nacional. As transformações se deram em razão das tensões geradas após a Primeira Guerra Mundial (1914-1918), agravadas pela crise internacional provocada pela quebra da Bolsa de Valores de Nova York (1929). Ambos os acontecimentos afetaram de forma drástica os mercados consumidores, produtores e exportadores de várias partes do mundo.

Nesse contexto, diversas ações restritivas à imigração foram aprovadas, o que permitiu a constituição de uma grande massa de trabalhadores nacionais que antes não eram admitidos no mundo formal do trabalho — especialmente os negros, sempre preteridos pelos brancos nacionais e estrangeiros, bem como pelos asiáticos.

Assim, as medidas políticas e administrativas contrárias à entrada de estrangeiros no Brasil propiciaram o surgimento de ações para proteger, legalizar e legitimar a mão de obra nacional. O objetivo era melhorar a qualidade do trabalhador brasileiro, qualificando-o social e profissionalmente a fim de atender o mercado produtivo que se erguia sobretudo nas cidades, no setor industrial e no setor de serviços. Desse modo, focava-se mais o trabalhador urbano do que o rural. Nesse contexto, o governo Vargas decretou a Lei n. 19.482/1930, popularmente chamada de "Lei dos 2/3", pois garantia uma taxa de brasileiros natos no conjunto de trabalhadores das empresas e fábricas (Simão, 1996).

O *caput* do artigo 352 da Consolidação das Leis do Trabalho (CLT), promulgada em 1943, diz o seguinte:

> As empresas, individuais ou coletivas, que explorem serviços públicos dados em concessão, ou que exerçam atividades industriais ou comerciais, são obrigadas a manter, no quadro do seu pessoal, quando composto de três ou mais empregados, uma proporção de brasileiros não inferior à estabelecida no presente Capítulo.[16]

Já o parágrafo 2º do mesmo artigo informa que "não se acham sujeitas às obrigações da proporcionalidade as indústrias rurais, as que, em zona agrícola, se destinem ao beneficiamento ou transformação de produtos da região e as atividades industriais de natureza extrativa, salvo a mineração". Isso mostra que a pressão pela melhoria do trabalho nacional era mais urbana que rural.

....

16. O texto completo pode ser encontrado em: www.planalto.gov.br/ccivil_03/decreto-lei/del5452.htm. Acesso em: 6 fev. 2024.

É interessante notar que o artigo 358 afirma que nenhum brasileiro, salvo algumas exceções, deverá receber salário inferior ao dos estrangeiros, sobretudo em atividades análogas.

Art. 358. Nenhuma empresa, ainda que não sujeita à proporcionalidade, poderá pagar a brasileiro que exerça função análoga [...] à que é exercida por estrangeiro a seu serviço salário inferior ao deste, excetuando-se os casos seguintes:
a) quando, nos estabelecimentos que não tenham quadros de empregados organizados em carreira, o brasileiro contar menos de dois anos de serviço e o estrangeiro mais de dois anos;
b) quando, mediante aprovação do trabalho, [...] houver quadro organizado em carreira em que seja garantido o acesso por antiguidade;
c) quando o brasileiro for aprendiz, ajudante ou servente, e não o for o estrangeiro;
d) quando a remuneração resultar de maior produção, para os que trabalham à comissão ou por tarefa.

Com esse conjunto de dispositivos legais afiançados pela CLT, o governo Vargas permitiu o acesso de uma massa de trabalhadores ao mercado de trabalho formal nas grandes cidades do Sudeste. As medidas não atingiram o contingente populacional negro de imediato, mas deram a ele novo alento na obtenção de um emprego formal, isto é, com "carteira assinada" e salário definido (Araujo, A. 2014). Esse alento teve grande impacto nas organizações negras do período, como a Frente Negra Brasileira, que buscou criar postos de trabalho para a população negra oferecendo cursos de formação profissional e de qualificação social.

Tudo isso fez que as demandas da integração do negro na sociedade republicana repercutissem em jornais e boletins de diversas entidades negras que denunciavam o racismo e a marginalização criminosa existente no país, particularmente no mercado de trabalho.

Porém, os dispositivos e decretos-leis que se seguiram à Lei dos 2/3 não modificaram substancialmente as relações trabalhistas no Brasil do dia para a noite. Não seria uma assinatura de Vargas que alteraria a realidade racista brasileira. A Lei dos 2/3 atenuou o ímpeto xenófobo dos nacionais, posto que a competição com os estrangeiros diminuía por força da lei, mas também pela flagrante queda do número de ingressantes europeus e asiáticos no Brasil após a década de 1930.

A Lei dos 2/3 e as demais que se seguiram até a promulgação da CLT afetaram a população negra, sobretudo a situada na região Sudeste, que teve de competir com o "branco" nacional. Nessa "competição" com os brancos nacionais e os europeus naturalizados, os negros tiveram de lidar com o preconceito. Além dos baixos salários oferecidos, havia o critério racista e eugênico da "boa aparência". Desse modo, a diminuição da presença estrangeira permitiu que os negros conseguissem mais empregos, mas o critério da boa aparência continuou a afastá-los do mercado de trabalho e da disputa equânime de oportunidades.

Com base nesse critério, naturalizou-se o fato de que a maioria negra do país exerce atividades de menor prestígio social, cultural, econômico e político. A "boa aparência" (Fonseca, 2012), para além de sua violência simbólica, porta a ideologia do branqueamento estético — na esfera produtiva — e da assepsia higiênica — no mundo do trabalho. A Lei dos 2/3 procurou sanar a falta de oportunidades que o trabalhador brasileiro tinha diante do estrangeiro, já familiarizado com a cultura e a lógica produtiva da indústria. Nesse contexto, constituiu uma ação política que afirmou o trabalhador nacional e reafirmou a vontade soberana do Estado de proteger seu povo diante de forças estrangeiras. Essa lei produziu compensações e reparações sociais, na medida em que buscou dinamizar e dar equilíbrio ao mercado de trabalho formal — sem, entretanto, contemplar o trabalhador negro, o mais prejudicado na estrutura social reinante no país.

As políticas de compensação e incentivo estiveram presentes no cenário político nacional republicano. Elas continuaram existindo após a década de 1930, mas sem que viessem a atingir segmentos étnico-raciais favoravelmente de modo explícito — sobretudo porque a política do Estado era a de construir a nação sem dividir o povo. A tônica era a miscigenação, o branqueamento. De um lado, a cor da pele não poderia ser fator de separação; de outro, no entanto, a ideologia da "boa aparência" e o racismo não permitiam que os negros pleiteassem uma política especial no mundo do trabalho e um lugar diferenciado na sociedade republicana.

O Estado se voltou para a educação de base como meio de integrar social e culturalmente o país, mas a educação de qualidade era ofertada nos bairros centrais, não em outras zonas das cidades brasileiras. Assim, a educação esteve vinculada à cidade e aos interesses de quem estava no meio urbano.

Obviamente, a grande maioria dos negros brasileiros não estava nos bairros centrais, mas nas periferias e nos subúrbios. Situava-se, assim, no vácuo das políticas sociais e econômicas do país: nem nos melhores lugares da cidade, nem nas zonas de produção de alimentos — estando, portanto, também distantes da política agrícola e agrária.

Revela-se, dessa forma, a condição suburbana dos negros. As políticas sociais de emprego no campo e na cidade não os contemplavam. Em decorrência dessa realidade perversa, a maioria da população negra sobrevivia da economia informal — realidade que persiste até hoje.

No final da década de 1960, em plena ditadura militar, uma lei no âmbito da educação consolidou ainda mais a exclusão dos negros. Promulgada pelo general Costa e Silva em 1968, não tinha nenhum apelo popular; ao contrário, mirava a população com posses agrárias, particularmente os filhos e netos de latifundiários — velhos herdeiros da aristocracia rural brasileira que impediram a implementação de uma reforma agrária novecentista que atendesse aos negros e aos demais desafortunados nacionais.

Basicamente, a lei dizia o seguinte:

Art. 1º. Os estabelecimentos de ensino médio agrícola e as escolas superiores de Agricultura e Veterinária mantidos pela União reservarão preferencialmente, cada ano, para matrícula na primeira série, 50% (cinquenta por cento) de suas vagas a candidatos agricultores ou filhos destes, proprietários ou não de terras, que residam com suas famílias na zona rural; nos estabelecimentos de ensino médio mantidos pela União, 30% (trinta por cento) das vagas restantes serão reservadas, preferencialmente, para os agricultores ou filhos destes, proprietários ou não de terras, que residam em cidades ou vilas que não possuam estabelecimentos de ensino médio.[17]

A "Lei do Boi" surgiu em um contexto político de extremas mudanças sociais, em particular com os movimentos estudantis que se difundiram pela Europa e pelos Estados Unidos reivindicando direitos, cidadania e democracia. Todavia, de um lado foi um expediente dos latifundiários para obter mecanismos legais de ampliação de sua gerência administrativa e técnica sobre a terra que possuíam e que poderiam conquistar por meio de compra ou de grilagem; de outro, sinalizava que a reforma agrária reivindicada pelas Ligas Camponesas[18] não ocorreria.

Porém, no auge da ditadura militar, em 1968, técnicos do Ministério do Trabalho sugeriram ao ministro Jarbas Passarinho a adoção de cotas a fim de diminuir as disparidades entre negros e brancos no mercado de trabalho (Guimarães, 1999). À época, propunha-se uma lei que obrigasse as empresas a terem 20% de empregados negros; dependendo da atividade, esse percentual variaria entre 10% e 15%. No en-

....

17. O texto completo da Lei n. 5.465, de 3 de julho de 1968, está disponível em: https://www2.camara.leg.br/legin/fed/lei/1960-1969/lei-5465-3-julho-1968-358564-publicacaooriginal-1-pl.html. Acesso em: 6 fev. 2024.
18. Movimento composto por famílias situadas na zona de transição entre a mata e o agreste pernambucano, na década de 1950, que na condição de trabalhadores rurais formaram uma associação de apoio mútuo e questionaram a aliança entre os setores dominantes do campo e da cidade contra os interesses dos pequenos agricultores. As ligas se expandiram por treze estados brasileiros, até serem extintas pelo Golpe de 1964. Para mais informações, veja Bastos, 1984.

tanto, o projeto foi "engavetado" após diversas pressões, tais como a realizada pela escritora Rachel de Queiroz em carta aberta dirigida ao ministro, em 11 de novembro de 1968, nos *Diários Associados* (*apud* Guimarães, 1999, p. 167):

> Pois na verdade o que não se pode, Sr. Ministro, é pactuar com o crime, discutir com a discriminação, reconhecer a existência da discriminação. [...] E eu digo mais: é preferível que continue a haver discriminação encoberta e ilegal, mesmo em larga escala, do que vê-la reconhecida oficialmente pelo governo — já que qualquer regulamentação importaria num reconhecimento.

Diante desses fatos, pergunta-se: por que a "Lei do Boi" contou com o apoio do Estado, tendo sido revogada somente em 1985? Por que ela teve vigência tão longa, atendendo aos interesses de uns poucos privilegiados, enquanto o projeto dos técnicos do Ministério do Trabalho — que atingiria um expressivo contingente populacional negro — não foi aprovado à época e não chegou às mãos de Sarney em 1985? Por que não foi cogitada pelos presidentes posteriores? Por que a proposta de política social que contemplaria a população negra lançada por Abdias Nascimento na década de 1950, e na tribuna do Senado na década de 1990, e mesmo as propostas de Benedita da Silva e Florestan Fernandes não foram votadas? Por que o então presidente do Senado Paulo Paim não conseguiu colocar em votação o seu Estatuto da Igualdade Racial?

Não há respostas simples para essas perguntas, mas podemos inferir que os projetos de políticas sociais que atenderiam prioritariamente a população negra não vieram ao encontro dos interesses maiores do país: para alguns, criariam divisões no mundo sindical; para outros, desestabilizariam o mercado de trabalho; para outros ainda, dividiriam a sociedade entre brancos e negros.

Projetos como esses, de âmbito nacional, não são unanimidade no Legislativo e no Judiciário. Além disso, nem sempre contam com o apoio do Governo Federal e da Presidência da República de maneira franca e aberta. Falta vontade política para permitir que os negros conquistem o mercado de trabalho e as universidades, e que possam ampliar seus direitos sociais, políticos e econômicos mediante políticas que visem à promoção da equidade e da isonomia social no país em curto e médio prazo. Até porque, para tal, é necessário que a sociedade brasileira e o governo revejam os conceitos de democracia social, democracia étnico-racial, cordialidade, unidade nacional baseada no mito de três raças irmãs etc. — conceitos esses difundidos à exaustão pela mídia, mas que são apenas aparência.

• • •

Voltando ao período da ditadura cívico-militar, a instalação do regime golpista de 1964 fez que o país ficasse mais de meio século atrasado no que se refere ao debate sobre políticas que minimizassem as enormes discrepâncias e distâncias sociais existentes entre brancos e negros.

Esse atraso de cinquenta anos, ocorrido também na América Latina e no Caribe, deu-se sobretudo graças à implantação de violentos regimes de exceção, além da criação de grupos de extermínio social, étnico e racial — como o "Esquadrão da Morte" (Rio de Janeiro, final da década de 1960) e os "Pés de Pato" (São Paulo, década de 1980).

Ambos se espalharam pelo país, eliminando a população majoritariamente jovem e negra das periferias. Além disso, nas últimas quatro décadas do século XX, na América Latina, muitos líderes comunitários, indígenas, quilombolas, seringueiros, sindicalistas, religiosos e políticos foram assassinados. Tudo isso diminuiu sobremaneira o ímpeto dos movimentos civis e negros.

Os procedimentos violentos perpetrados pelos regimes de força visavam eliminar focos de resistência política, mas também controlar as populações "perigosas", que poderiam aderir aos projetos socialistas e comunistas oriundos de Cuba ou dos países soviéticos. Portanto, as reivindicações dos negros na América Latina, nos Estados Unidos e no Brasil tinham também o recorte e a pressão da Guerra Fria.

Assim, as discussões sobre ações afirmativas e políticas públicas só começaram a ocorrer na década de 1990, após intensos debates, inicialmente promovidos por diversas agremiações do movimento negro paulista, entre as quais: Associação Afro-Brasileira de Educação Produtiva, Cultura e Preservação da Vida (Abrevida)[19]; Movimento Negro Unificado (MNU); Núcleo de Consciência Negra da Universidade de São Paulo (NCN); e Movimento Reparações Já (MRJ).

....

19. Entidade fundada em São Paulo (SP), no final da década de 1990, com o intuito de trabalhar propostas e programas vinculados à educação produtiva na periferia da cidade. A Abrevida desenvolveu atividades de formação de educadores com a Secretaria Municipal de Educação da Prefeitura de São Paulo em diversas gestões, havendo cerca de 500 professores envolvidos no processo. A Abrevida tinha parcerias com a Associação Internacional de Educação Comunitária (Icea), com o Instituto Gente e com o Movimento Negro Unificado (MNU), tendo implantado diversos projetos na década de 1990.

Informados que estavam pelos projetos e articulações políticas que ocorriam no Caribe — ações compensatórias que os Estados deveriam viabilizar para a consequente inserção social de negros e indígenas —, tais movimentos inscreviam-se no amplo leque de reflexões e ações que visavam dar sentido à retomada do ideário pan-africanista.[20] Contava-se, ainda, com as bases intelectuais, teóricas e programáticas do afrocentrismo[21], mas também com os debates efetuados pela Teologia da Libertação[22], os quais alimentaram, política e ideologicamente, os agentes da Pastoral do Negro e a organização não governamental Educafro.

....

20. Para mais informações, veja o "Relatório do Terceiro Congresso de Cultura Negra das Américas" (1983).
21. Para mais informações, consulte a trilogia de Asante (1987a, 1987b e 1990).
22. Corrente ideológica e teológica que tem como base a leitura crítica da Bíblia e da própria atuação social da Igreja Católica e das demais estruturas de poder. Desenvolveu-se nos países da América Latina e nos segmentos empobrecidos da Europa na década de 1970. Tem como fundamento a teoria da dependência e outras teorias e metodologias embasadas no marxismo. Para mais detalhes, veja Fonseca (2000).

8
Apagando o fogo com gasolina — Políticas sociais e ações afirmativas no Brasil do século XXI

Recorri a esse título provocativo e incisivo para refletir sobre o passado e o presente das políticas públicas construídas no Brasil, particularmente as dedicadas aos negros — que, antes escravizados, hoje sobrevivem em condições de marginalidade e vulnerabilidade social[23], segundo todos os dados estatísticos e indicadores sociais. Trata-se da população com os mais altos índices de mortalidade, morbidade, analfabetismo, evasão escolar, desemprego e condenações penais.

O objetivo deste capítulo é ampliar a reflexão crítica a respeito de determinados enfoques deixados de lado por analistas e estudiosos da realidade social a que a população negra está submetida. Abordaremos, de forma mais especí-

....

23. Vale salientar que a vulnerabilidade social é um construto que informa que as pessoas não são natural/biologicamente vulneráveis, mas vivenciam essa situação em virtude de diferentes contextos — sociais, econômicos, políticos, jurídicos, culturais, sanitários, nutricionais etc. Encontram-se destituídas de poder e do poder.

fica, as políticas públicas e ações afirmativas debatidas de 1994 até hoje, justamente por se tratar também de políticas sociais focadas.

Atualmente, diversas reivindicações estão na agenda oficial dos poderes público e privado, dos movimentos sociais de combate ao racismo e das organizações da sociedade civil. Todos debatem as lutas exercidas pelos negros na história brasileira — até mesmo aqueles que antes não falavam sobre a realidade do país com foco no fosso étnico-racial construído com o trabalho da maioria para o deleite de alguns "bem-nascidos".

Na década de 1970, o governo militar, em nome da "segurança nacional", retirou do censo do IBGE o item cor/raça (tal como havia acontecido em 1920, quando também foi subtraído esse quesito das pesquisas oficiais). As lacunas foram significativas, mas não impediram que aflorassem os índices construídos nessa década de silêncio e medo.

Os dados do item cor/raça somente voltaram ao censo na década de 1980. Além do censo, a Pesquisa Nacional de Amostragem Domiciliar (Pnad), também realizada periodicamente pelo IBGE, colheu novos dados estatísticos sobre a realidade da população negra brasileira. Os estados também tiveram condições de realizar levantamentos significativos: em 1988, o Grupo de Trabalho para Assuntos Afro-Brasileiros da Secretaria de Estado da Educação de São Paulo constatava que apenas 0,01% dos negros paulistas haviam concluído o curso superior (Fonseca, 1994, p. 118).

Nessa mesma década de 1980, dados do IBGE mostravam que apenas 1,1% dos negros haviam concluído o segundo grau (atual ensino médio) e que, enquanto 20% dos brancos apareciam na categoria dos "sem instrução ou com menos de um ano de estudo", para a população negra esse percentual chegava a 80% (39% para pardos e 41% para pretos). Na outra ponta, 16% dos "brancos", 6% dos "pardos" e 4% dos "pretos" tinham nove ou mais anos de estudo. Assim, mesmo somados, "pardos" e "pretos" não atingiam o índice de "brancos" com condições de estar no ensino superior (Fonseca, 1994, p. 118).

Quando verificamos os dados do início do século XXI, constatamos que 2,2% dos negros (pardos e pretos) chegaram ao ensino universitário no país. Ou seja, apenas 16 milhões de jovens — em um universo de cerca de 80 milhões no Brasil, segundo dados do censo de 2000 — conseguiram chegar a esse nível de ensino. No caso da população branca, esse número é três vezes maior.

Porém, com o advento das políticas de ações afirmativas no início do século XXI, esses dados estatísticos foram profundamente alterados. Entre os anos de 2010 e 2019,

> o número de alunos negros no ensino superior cresceu quase 400%. Os negros chegaram a 38,15% do total de matriculados, percentual ainda abaixo de sua representatividade no conjunto da população — 56%. [...] em alguns cursos, a presença de negros não chega a 30%. Esses são os casos de medicina, design gráfico, publicidade e propaganda, relações internacionais e engenharia química. (Costa, 2020)

A pesquisadora Tatiana Dias Silva (*apud* Costa, 2020) também observa que, considerando jovens que têm entre 18 e 24 anos, "36% dos jovens brancos naquela faixa etária estão estudando ou terminaram sua graduação. Entre pretos e pardos, esse percentual cai pela metade: 18%". Analisando os dados da Pesquisa Nacional por Amostra de Domicílios Contínua (Pnad Contínua), do IBGE, a mesma pesquisadora constatou que, "em 2017, 22,9% de pessoas brancas com mais de 25 anos tinham curso superior completo. A proporção de negros com a mesma escolaridade era de 9,3%" (*apud* Costa, 2020).

No informativo "Desigualdades sociais por cor ou raça no Brasil", de 2019, também do IBGE, consta que

> a proporção de pessoas pretas ou pardas (que compõem a população negra) cursando o ensino superior em instituições públicas brasileiras chegou a 50,3% em 2018. Apesar de esta parcela da população representar 55,8% dos brasileiros, é a primeira vez que os pretos e pardos ultrapassam a metade das matrículas em universidades e faculdades públicas. (Nitahara, 2019)

Não há dúvida de que houve um franco e visível avanço no ingresso da juventude negra no ensino superior brasileiro nestas duas décadas do século XXI, sobretudo em decorrência das ações afirmativas, tanto nas universidades públicas (federais e estaduais) quanto nas privadas (por meio do Programa Universidade para Todos, o Prouni [ver p. 36-37]).

No entanto, essas estatísticas se tornam ainda mais perversas se considerarmos que a maioria dos negros que concluiu o ensino superior no Brasil estudou em faculdades privadas com baixa credencial acadêmica, que não desenvolveram o tripé ensino, pesquisa e extensão. Além disso, a maioria dos negros estuda no período noturno e demora mais tempo para se formar do que aqueles que estudam de manhã, e têm pouco acesso a bibliotecas, laboratórios e grupos de pesquisa. E, em comparação com os estudantes do turno integral ou matutino, desenvolvem menos pesquisas acadêmicas.

Outro aspecto é que, infelizmente, os dados não revelam se esses negros já estão cursando a pós-graduação *stricto sensu* (mestrado e doutorado) ou se cursavam alguma especialização após o bacharelado.[24] O que se sabe hoje, segundo pesquisa do Instituto Nacional de Estudos e Pesquisas Educacionais Anísio Teixeira (Inep) de 2019, é que houve um impacto positivo no ingresso de docentes negros nas universidades públicas federais: o número aumentou 60% desde que a Lei de Cotas para concursos públicos foi aprovada, em 2014. Com isso, a participação de docentes pretos e pardos no quadro total de mestres e doutores passou de 11,7% para 15,8% entre esse ano e 2019 (MEC, 2020). Segundo a mesma fonte, se o crescimento continuar nesse ritmo, somente em 2038 os docentes negros do ensino superior se equiparão aos docentes brancos dessas mesmas instituições do país.

De posse dessas informações, é importante questionar o papel das universidades como instituições do Estado brasileiro que prestam um serviço de extrema relevância à população. Há que se perguntar qual é a relação delas com a base da pirâmide escolar, negra e empobrecida. As univer-

....

24. Saliente-se que a maioria das universidades do país que adotaram o sistema de reserva de vagas, pontuação acrescida ou a modalidade de cotas na graduação ainda não aplicou o mesmo sistema em seus programas de pós-graduação. Esse é outro direito a ser reivindicado e conquistado em nosso país.

sidades têm um papel e uma função social e política a cumprir no desenvolvimento tecnológico, científico, cultural, econômico, institucional e político do Estado brasileiro, pois estruturam também as bases de nossa soberania nacional: criação, renovação e difusão de conhecimento.

Desse modo, existe uma séria necessidade de aliança efetiva e coerente entre universidade, Estado, governos e sociedade civil no atendimento a crianças, jovens e famílias de descendência africana e indígena.[25] Não com o discurso populista e demagógico de inclusão, tão surrado e gasto que vem desde a década de 1990; ou com aquela mescla de arrogância e indiferença, própria do racismo diferencialista que prosperou na Europa desde a mesma década e vicejou em algumas instituições de ensino superior do país.

Nesse sentido, a universidade pública reivindicou cada vez mais verba — portanto, recursos adicionais da sociedade — para implantar as políticas de ações afirmativas, mas demorou para incluir os contribuintes negros. O comum era virar as costas para os mais empobrecidos, os negros e os indígenas, dizendo que não tinham nada com esse problema social antigo, ou seja, a exclusão de amplos segmentos da sociedade.

....

25. Diversas coletâneas publicadas pela Secretaria de Educação Continuada, Alfabetização, Diversidade e Inclusão (Secadi), vinculada ao Ministério da Educação (MEC), visam incentivar as várias secretarias e o próprio MEC a efetivar a aliança entre governo, universidades e sociedade civil. Um exemplo é o grande leque de obras que refletem esse desejo e esse esforço, entre as quais a coletânea intitulada *Ações afirmativas e combate ao racismo nas Américas*, organizada por Sales Augusto dos Santos (2005).

Comparando os dados da década de 1980 com os mais recentes, houve um crescimento vertiginoso da população negra que concluiu o curso superior no país. Se olharmos apenas para os dados, de maneira ingênua e descontextualizada, concluiremos que é algo extremamente significativo. No entanto, cruzando-os com outras informações estatísticas — como renda familiar e individual, condições de saúde e moradia, período de vínculo empregatício formal e informal, aumento da população negra brasileira nessas quatro décadas e intenso processo migratório para os estados de São Paulo e Rio de Janeiro —, chegaremos a outras conclusões.

Outros dados de suma relevância são: a retomada do processo democrático, o impacto do movimento negro contemporâneo nas ações políticas de conscientização e a adesão étnico-racial da população brasileira às cores negra ou parda nos últimos vinte anos, fato comprovado por levantamentos recentes realizados pelo IBGE e demais institutos de pesquisas oficiais. Tais estudos comprovam que estamos avançando em vários pontos que atestam a transformação da sociedade no que diz respeito ao ingresso dos negros em espaços educacionais, científicos e tecnológicos, mas também de produção de cultura.

Destaca-se que existe um processo de enegrecimento da população brasileira desde a década de 2000, impulsionado pelo fortalecimento das lutas e das reivindicações de milhares de militantes e ativistas negros e brancos, tanto nacional quanto internacionalmente, o que tem propiciado uma nova e contínua "onda negra".

Hoje, diversos trabalhos clássicos vêm alimentando a sociedade civil com informações extremamente importantes. Ao mesmo tempo, a produção de obras por diversos órgãos governamentais e a criação de departamentos, assessorias, coordenadorias, conselhos, delegacias, fundações, secretarias — e até de um ministério — para atender a essas demandas históricas tem sido imensa.

Porém, se as publicações denunciam a situação de vulnerabilidade social a que os negros estão submetidos em decorrência da atuação do próprio Estado, elas não têm conseguido traduzir tal realidade em políticas públicas e ações coletivas concretas. O Legislativo, o Executivo e o Judiciário brasileiro estão muito aquém de tomar medidas práticas que resolvam as demandas no âmbito da educação, da saúde e do emprego. Livros, artigos e demais publicações se transformam em belos textos que comprovam que o Estado brasileiro é racista e sua sociedade civil também o é, mas ainda são tímidos diante dos retrocessos enfrentados desde a abolição.

É importante identificar essa realidade no discurso político. Diversos governantes brasileiros tinham amplo conhecimento da existência do racismo e de seu funcionamento perverso e deletério. A pergunta que não quer calar é: por que não fizeram mais?

Cabem também outras nesse mesmo sentido: por que Fernando Henrique Cardoso, Dilma Roussef e Michel Temer, mesmo sabendo de todas as demandas históricas, fizeram menos do que poderiam ter feito em seus mandatos? Por que, quando presidente da República, Bolsonaro não seguiu a Constituição brasileira no que tange a titular terras quilombolas e indígenas — sendo nitidamente contrário à população negra e aos mais empobrecidos — e ainda assim não teve seu impedimento encaminhado pelos presidentes da Câmara dos Deputados (Rodrigo Maia e Arthur Lira)?

Políticas públicas e ações afirmativas

A criação de órgãos governamentais não dá conta da realidade social a ser transformada. Eles cumprem a função social de dar empregos e pôr em evidência determinados indivíduos que conseguiram chegar mais perto do poder, mas isso não significa que tenham condições políticas de diminuir a vulnerabilidade dos negros nos últimos 474 anos.

Além do mais, a criação desses órgãos públicos não é obra de uma política de Estado soberano, mas de uma agenda de governo. Portanto, o pouco que se faz não tem a continuidade esperada — nem quando o presidente é o mesmo, pois os acordos são outros e devem atender a múltiplos e novos interesses.

Por último, a criação de tais órgãos tem a nobre função de dizer — como já fazem as publicações governamentais e tantas outras produzidas por editoras comerciais e universitárias — que no Brasil há racismo, e que ele é ruim para a sociedade. Isso é muito pouco para os diversos entes federativos do país no que diz respeito a enfrentar as disparidades regionais e as distorções sociais e étnico-raciais, além de outras ligadas a gênero e geração.

Desse ponto de vista, a constituição de políticas públicas no Brasil não é uma prerrogativa somente da consciência e da vontade política de uns e outros. Ela depende da disposição do Estado e dos governos de se responsabilizar pelo povo, elegendo prioridades estratégicas. O fato é que, em nosso país, a responsabilidade dos governantes, bem como a eleição e a seleção das prioridades, foram constituídas sem que negros e indígenas pudessem colocar na agenda e no orçamento federal de modo adequado e a contento as suas necessidades, pois sempre estiveram afastados do poder decisório.

Na prática, secretarias, assessorias, coordenadorias, fundações, conselhos e ministérios têm orçamentos apenas para gerir suas contas internas. Isso demonstra que, muitas vezes, as instituições mencionadas e as ações afirmativas são fundamentalmente políticas de visibilidade social do governo e dos governantes. São mais ações de marketing do que um ato concreto, pois não se faz política séria, responsável e coerente apenas com o discurso: são necessários recursos públicos para efetivar programas e projetos sociais.

As políticas públicas de ações afirmativas, tão em voga em meados da década de 1990 no Brasil, ainda eram consideradas, na primeira década do século XXI, apenas um debate midiático e uma grande vitrine para os governantes, militantes e movimentos sociais e partidos, especialmente pela quantidade irrisória de políticas públicas empreendidas no país.

Nesse contexto, é sempre bom lembrar diversas disposições constitucionais e projetos de lei que foram excelentes mecanismos de denúncia dos níveis de distorção social e étnico-racial no Brasil. Por exemplo, o Projeto de Lei do Senado da República n. 650, de 1999, de autoria do ex-senador José Sarney, e o Projeto de Lei da Câmara dos Deputados n. 3.198, de 2000, de autoria do então deputado federal Paulo Paim (hoje senador). Ambos instituíam cotas de ação afirmativa (Silva, 2002) para a população negra de no mínimo 20% nos cargos e empregos públicos, na educação superior e nos contratos do Fundo de Financiamento ao Estudante do Ensino Superior (Fies).

Entre outras justificativas para os projetos, ambos os parlamentares mencionavam a enorme discrepância salarial percebida entre negros e brancos de ambos os sexos na sociedade brasileira, que se apresentava também nos quesitos escolaridade e renda.

Coube assinalar, na época, que a própria Constituição Federal já previa medidas de ação afirmativa. Era o caso do apoio dado às empresas de pequeno porte que se dedicavam a atividades-fins estratégicas para o desenvolvimento nacional, tais como a pesquisa e a lavra de recursos naturais. Tanto o texto original de 1988 quanto a Emenda Constitucional n. 6 de 1995, referente ao artigo 170, dizem que estão sujeitas a um tratamento "favorecido" particularmente as empresas constituídas sob as leis brasileiras que tenham sede e administração no país.

O projeto de Sarney ainda informava que o artigo 37, inciso VIII, traz outra discriminação positiva quando prevê "a reserva, em lei, de percentual dos cargos e empregos públicos para as pessoas portadoras de deficiência".

O projeto do então deputado Paulo Paim (2003, p. 28) salientava que

> o sistema de cotas percentualiza as oportunidades, pois quando há a quantificação do número de beneficiários se busca uma política de igualdade de oportunidades, já que neste país não existe essa igualdade. Um exemplo disso são os 30% das vagas dos candidatos dos partidos políticos que são destinados às mulheres. Temos consciência de que esse sistema tem como objetivo fixar um direito.

Ele também enfatizava que "o Brasil estava muito longe de ser um país onde todos fossem iguais. Os círculos fechados da elite precisavam ser quebrados, e por que não criar, em médio prazo, espaços intelectuais, econômicos e políticos menos homogêneos racialmente?" (Paim, 2003, p. 28).

Desse modo, Paim inferia que o sistema de cotas deveria ser introduzido nos pleitos eleitorais, a fim de que o negro viesse a ter representação no Executivo e no Legislativo[26], visto que nesses ambientes do poder ele está praticamente ausente — não por incompetência, mas pela lógica da manutenção do poder herdada do período colonial brasileiro (Fonseca, 1989).[27]

Segundo a jurista Flávia Piovesan (2005, p. 39),

> as ações afirmativas constituem medidas especiais e temporárias que, buscando remediar um passado discriminatório, objetivam acelerar o processo de igualdade, com o alcance da igualdade substantiva por parte de grupos socialmente vulneráveis, como as minorias étnicas e raciais, entre outros grupos.

....

26. Segundo dados de 2022 da Agência Câmara, apesar do aumento de 36,25% das candidaturas de pretos e pardos para a Câmara dos Deputados em comparação com 2018, o número de candidatos efetivamente eleitos com essas características autodeclaradas cresceu apenas 8,94%. Nesse ano, pretos e pardos eleitos somaram, respectivamente, 27 e 107; em 2018, eles eram 21 e 102. Fonte: https://www.camara.leg.br/noticias/911743-numero-de-deputados-pretos-e-pardos-aumenta-894-mas-e-menor-que-o-esperado/. Acesso em: 7 fev. 2024.

27. Em 2020, o Tribunal Superior Eleitoral (TSE) determinou que a distribuição do tempo de propaganda eleitoral gratuita e de recursos do fundo eleitoral fosse feita de maneira proporcional ao total de candidatos negros dos partidos. Porém, isso não aconteceu: a maioria dos partidos desobedeceu à decisão do TSE e foi anistiada. O mesmo ocorreu nas eleições de 2022.

Para a autora, devem-se tratar politicamente os desiguais com a devida desigualdade social a fim de construir o equilíbrio entre as forças vivas da sociedade. Apesar de ter razão, Piovesan não aborda uma questão fundamental: não há política pública sem recurso destinado para tal fim. É necessário que parte significativa da sociedade brasileira compreenda que, sem recursos, não se faz política pública, só demagogia e populismo de ocasião.

Ora, a implementação séria de toda e qualquer política pública exige orçamento. Também é necessário informar quem deixa de ganhar; diante disso, as rubricas orçamentárias são baseadas em negociações, em barganhas e em pressões sociais constantes realizadas por grupos e lobistas que têm capacidade de negociação, isto é, baseiam-se no toma lá dá cá. Nesse sentido, nem sempre são os melhores projetos os contemplados com o maior orçamento.

Não se promove a igualdade de oportunidades mantendo o negro no lugar que os racistas determinaram segundo a história social do país. Ou seja, apenas o discurso político no palanque, no gabinete ou no parlamento não mudará nossa realidade. Há de se entender que o orçamento é uma proposta de gestão política. E é nele que os diferentes agentes e movimentos sociais devem concentrar seus esforços.

Polêmicas e debates acalorados apenas nos desviam do real problema: a inexistência de um orçamento permanente para a implementação de políticas sociais focadas e universais que atendam à maioria da população vulnerabilizada do Brasil. Nesse quadro caótico, o único organismo que talvez fizesse — sem saber — uma ação de cunho social e universalista, com orçamento público respeitoso no Brasil, foi o Ministério do Desenvolvimento e Assistência

Social, Família e Combate à Fome (MDS), que funcionou nos governos Lula e Dilma.[28]

Vale dizer que o MDS não falava em ação afirmativa, até porque era uma política universalista, que visava minorar a desigualdade social, mas atendia fundamentalmente à população vulnerabilizada e tinha um considerável recurso orçamentário para tal. Isso não implicava necessariamente o atendimento à população negra, mesmo ela sendo ampla maioria nesse segmento.

Em suma, a partir de ações exitosas do movimento negro nos últimos quarenta anos, a sociedade brasileira avançou no combate ao racismo e à discriminação. De modo que os anos 1980 não foram uma década perdida e os anos 1990 trouxeram também seus ganhos, mas foi na virada do século XXI que mudanças significativas ganharam força, sobretudo com a criação e adoção das políticas públicas e sociais baseadas nas ações afirmativas. Porém, houve também reveses e retrocessos.

....
28. No governo Bolsonaro, o ministério foi praticamente esquecido, tendo sido incorporada ao Ministério da Cidadania, juntamente com o Ministério do Esporte e da Cultura. No terceiro mandato de Lula, foi novamente instituído.

9
As cotas e o Estatuto da Igualdade Racial — O debate em torno das políticas focadas

Historicamente, a sociedade brasileira tem enfrentado profundos debates acerca da população de descendência africana. Desde o final do século XX, pesquisadores, militantes, intelectuais, políticos e governantes vêm discutindo as ações afirmativas, sobretudo as cotas para negros nas universidades brasileiras.

Todos consideram os avanços que tais políticas podem representar para os brasileiros em curto e médio prazo. Dialogam sobre propostas apresentadas por parlamentares, bem como sobre as medidas adotadas nos governos de Lula — o que sinaliza que Legislativo e Executivo têm interesse na aplicação dessas medidas. Ambos os poderes contam ainda com o apoio significativo e explícito de ministros do Supremo Tribunal Federal.

É importante lembrar que a política de cotas foi avaliada pelo Instituto de Pesquisas Econômicas Aplicadas (Ipea), ainda no governo Fernando Henrique Cardoso, com base em análises profundas dos dados do IBGE e de levantamentos estatísticos provenientes do próprio Ipea. Outro estudo importante foi o realizado por Marcelo Paixão em 2006. Partindo do Índice de Desenvolvimento Humano (IDH) nacional, Paixão demonstrou que a desigualdade socioetnorracial atinge especialmente a população negra. Na média, o país tem IDH alto quando se consideram apenas os brancos; porém, quando se leva em conta somente os negros, verifica-se que esse índice é bem mais baixo.

Também é preciso lembrar que a pauta sobre as ações afirmativas no país não é propriamente novidade, sobretudo em função dos argumentos elaborados na tribuna parlamentar pelos, à época, senadores Abdias Nascimento (PDT) e Benedita da Silva (PT) e pelo deputado federal Paulo Paim (PT), entre outros. Porém, foram debates controversos ocorridos no próprio movimento negro brasileiro desde o início da década de 1990 que amplificaram o tema. Grupos como Associação Afro-Brasileira de Educação Produtiva, Cultura e Preservação da Vida (Abrevida), Movimento Negro Unificado (MNU) e Núcleo de Consciência Negra da Universidade de São Paulo (NCN) tiveram grande importância, mas a disseminação dessa pauta na sociedade foi realizada de forma magistral pelo Movimento Reparações Já (MRJ) e pela organização não governamental Educafro.

É nesse contexto que se situa este capítulo, posto que nem todos os brasileiros concordam com tais políticas afirmativas, sobretudo no que se refere às cotas e ao Estatuto da Igualdade Racial. Consideraremos as ideias e manifestações daqueles que defendem a introdução das cotas. Todavia, suas contradições serão também por vezes analisadas ou interpretadas a fim de ampliarmos nosso olhar sobre a realidade social, cultural e política brasileira.

Muitos ressaltam que a adoção das cotas para negros seria um reconhecimento histórico do Estado brasileiro e das instituições que se beneficiaram da escravidão e do tráfico no passado e continuam a fazê-lo no presente. Essa interpretação da história é importante, mas reduz o escopo do problema e da intencionalidade política, pois faz que as ações afirmativas só possam ser estabelecidas em função da memória, da mentalidade e da prática escravistas ainda presentes em diversos setores da vida nacional.

Segundo tal compreensão, as cotas devem ser adotadas em razão da dívida histórica que o Estado brasileiro e as elites dirigentes têm com os negros. Elas seriam uma reparação justa aos danos causados pela política escravista, mas também medidas reparadoras e indenizatórias calcadas em um profundo sentimento de culpa, de pagamento ao dano causado e de autopromoção social e pessoal de alguns, sem que o país e as elites dirigentes estivessem conscientes do violento processo sócio-histórico e político-cultural que estruturou o escravismo, o colonialismo e o extermínio de grandes contingentes populacionais negros.

Portanto, manter-se-ia a lógica de que as cotas devem atender grupos que foram vulnerabilizados em decorrência do passado escravista. Dessa forma se perpetuaria o racismo, a violência e a desigualdade socioetnorracial sem que se alterasse profundamente a mentalidade escravista, visto que o problema seria encarado como um pagamento referente a uma ação passada.

Já outros defensores das ações afirmativas veem as cotas como medidas significativas, pois elas se traduzem em uma efetiva ação política de cunho estatal que visa constituir um novo pacto social, mas com recorte étnico-racial, a fim de minimizar a enorme distância social e econômica que separa negros e brancos. Assim, as cotas seriam medidas focais para promover, em médio e longo prazo, melhor distribuição de renda, mas também para democratizar o acesso a espaços sociais e culturais antes impossíveis para negros — como a universidade pública, cargos de maior prestígio e bons salários.

Porém, as cotas devem ser vistas não apenas como mecanismos de distribuição de renda e de melhoria das condições de trabalho para a população negra nacional, sobretudo porque elas não são garantia de tal conquista. Caso não haja a universalização de outras políticas sociais, as cotas não atingirão seu objetivo.

Ao contrário: de acordo com alguns críticos, poderão se criar novos fossos sociais, que distanciarão negros de negros sem que haja de fato uma distribuição de renda e de prestígio que aproxime negros de brancos. No máximo, formar-se-ão novas classes médias negras, que servirão para "proteger" o *status* adquirido pelos brancos ao longo da história.

No bojo do Estatuto da Igualdade Racial e nos debates do parlamento e dos poderes Executivo e Judiciário, as ações afirmativas indicaram a envergadura do projeto político que o Brasil desenharia entre 2009 e 2010, isto é, a construção de consensos na sociedade como um todo. De modo que não se trata apenas do reconhecimento da dívida histórica do Brasil com a sua população negra, nem tampouco do Estado brasileiro com os países africanos, pois era de fato o reconhecimento de uma dívida e de uma equação impagáveis, do ponto de vista objetivo, do país com a maioria de seu povo.

De outro lado, as ações afirmativas se somaram ao Estatuto da Igualdade Racial para afirmar a necessidade premente de que o governo e o Estado brasileiro, sobretudo seus entes federativos, encontrassem e implantassem soluções técnicas, jurídicas, científicas, políticas e economicamente sustentáveis para atender a essa maioria populacional negra que vivencia uma cidadania precária. Entre as demandas desse enorme contingente estão o combate aos racismos e à violência policial, bem como o direito à moradia de qualidade, ao transporte público digno, à segurança alimentar e nutricional e à saúde em todos os níveis.

AS COTAS NAS UNIVERSIDADES PÚBLICAS

As cotas nas universidades públicas são importantes porque é nesse nível de ensino que se promove a mobilidade social, na medida em que ocorre a troca de experiências e de conhecimentos científicos, econômicos, políticos e sociais entre aqueles que vão governar e administrar a nação. Assim, a presença negra nas universidades públicas tem enorme impacto social, cultural, simbólico e político.

Nas instituições em que as cotas foram adotadas primeiro — como a Universidade do Estado do Rio de Janeiro (Uerj), a Universidade Estadual do Norte Fluminense (Uenf) e a Universidade do Estado da Bahia (Uneb) —, houve certo estranhamento, mas não repulsa por parte da maioria branca de estudantes.

O tempo tem mostrado que o estranhamento também foi absorvido pelo bem da própria comunidade estudantil. Em determinadas instituições, houve manifestações explícitas de racismo; em outras, de mero preconceito.

O fato é que o ingresso de mais negros em boas universidades tem produzido ótimos profissionais para o mercado de trabalho. Diante desse quadro, podemos estimar que em médio e longo prazo haverá um impacto econômico positivo nos municípios e na própria arrecadação tributária, posto que aumentará o poder de compra dos beneficiados pelas cotas. Assim, muitos negros terão conquistado uma parcela importante de sua cidadania, talvez aquela que mais interessa ao Estado e ao mercado, mas também aos partidos políticos, aos movimentos sociais, às organizações não governamentais e às fundações de direito público ou privado.

Os argumentos a favor das cotas universitárias defendem que haverá maior diversidade de opinião, novas abordagens de inúmeros temas sociais, ampliação dos programas didático-pedagógicos e dos projetos acadêmico-científicos das instituições de ensino superior e dos seus departamentos, além de melhor preparo dos docentes, em especial nas ciências humanas. É de supor que tal realidade trará mudanças fundamentais também nas ciências biológicas, exatas e tecnológicas.

Porém, o mercado de trabalho também passará por mudanças, em especial empresas e agências que produzem bens materiais e simbólicos que pedem executivos e outros gestores com olhar diferenciado sobre o mercado e sobre os consumidores. Poderemos ter, então, profissionais gabaritados que conheçam nichos de mercado e gerem produtos destinados a públicos diferenciados.

No entanto, para alguns críticos da adoção de cotas, a inserção de um contingente significativo de estudantes negros nas universidades acarretará um rebaixamento cultural, tecnológico e educacional dessas instituições de ensino. Tal visão baseia-se em pesquisas, elaboradas nos Estados Unidos, que afirmam que os negros têm menos capacidade de aprendizagem em comparação com outros grupos étnico-raciais.

Essa concepção está baseada no racismo semântico-simbólico-cognitivo que foi sustentado por uma ciência racista do final do século XIX, mas tem fundamento nas ideias iluministas do século anterior. Tais ideias elevaram a Europa ocidental a uma suposta razão e civilização superiores, enquanto todos os demais povos foram relegados à selvageria, à barbárie, à animalidade.

Nos séculos XIX e XX, muitos pesquisadores basearam-se em pesquisas que tinham como fundamento as teses darwinistas de Arthur de Gobineau e de Lucien Lévy-Bruhl de que os negros tinham uma consciência pré-lógica (Fonseca, 2023; Oliveira, 2023). Essas teses pseudocientíficas visavam reafirmar o lugar que o negro deveria ocupar na estrutura social das sociedades ocidentais — a base da pirâmide.

Desse modo, a ideia de que poderia ocorrer rebaixamento cultural, científico e tecnológico nas universidades brasileiras não tem sustentação empírica, sendo fruto do racismo supramencionado. Pesquisas veiculadas pela Universidade do Estado da Bahia (Uneb), pela Universidade de Brasília (UnB) e pela Universidade Estadual de Campinas (Unicamp), entre tantos outros institutos de pesquisa e instituições de ensino superior, comprovam que as cotas não promovem qualquer rebaixamento acadêmico. Muito pelo contrário: aprimoram o conhecimento e ampliam a diversidade acadêmico-científica e cultural no interior das próprias instituições — quem ganha é a sociedade como um todo.

De outro lado, talvez haja interesse em culpar os negros pelo desempenho medíocre apresentado pelo sistema escolar brasileiro desde a década de 1970, quando não interessava aos militares golpistas que a população tivesse uma formação crítica e consciente. Mas isso não pode ser debitado na conta da população negra, posto que ela não estava suficiente e adequadamente representada nos departamentos, nos laboratórios, no universo do ensino superior. Essa situação quase não mudou, pois ainda somos minoria nos espaços universitário e de pesquisa.

É oportuno lembrarmos que o ingresso da população negra nas universidades públicas aumentou de maneira constante, mas muito lenta, antes do ano 2000. Porém, a partir da década de 1990 — e ainda hoje —, houve um aumento vertiginoso de negros nas instituições privadas de ensino superior nas médias e grandes cidades brasileiras. Isso também provocou a flexibilização dos vestibulares das universidades públicas, bem como fez pressão para que esses jovens negros pudessem ingressar nessas instituições não apenas pela qualidade do ensino ofertado e reconhecido, mas também por serem gratuitas e, ainda, terem programas de permanência estudantil, bolsas e auxílios.

Dessa forma, havia a necessidade de comungar as deficiências de formação oriundas da escola pública com as demandas crescentes dessa juventude que queria ingressar em universidades públicas. Esses aspectos foram importantes para balizar as pressões políticas da sociedade civil (movimentos sociais, partidos e associações de pais e mestres) para que as universidades públicas estaduais e federais se abrissem às reais demandas dessa população.

Nesse contexto, muitos trouxeram à baila o debate em torno do mérito acadêmico e da instituição universitária como meritocrática, portanto vinculada a talentos e conhecimentos adquiridos individualmente. Desse ponto de vista, consideramos o mérito fundamental, mas discutimos a instituição da meritocracia como fator de naturalização dos sujeitos que estão dentro — considerados talentosos e inteligentes — e dos que estão fora, concebidos como fracassados e destituídos de capacidade cognitiva.

Assim, a meritocracia é uma tentativa de manter o domínio de um segmento ou de um grupo social sobre outros. Por isso, o mérito no contexto educacional deve ser analisado como instrumento construído histórica e culturalmente em nosso país, em que a escravidão e o analfabetismo foram impostos a milhões de negros por mais de três séculos.

• • •

Contrariando os críticos à adoção inicial das cotas nas universidades públicas — como na Universidade Estadual do Rio de Janeiro, na Universidade Estadual da Bahia, na Universidade Federal do Maranhão, na Universidade Federal de São Carlos, na Universidade de Brasília — e em concursos públicos — como os realizados nos municípios de Porto Alegre, Cubatão, Piracicaba ou no estado do Paraná — não motivou quaisquer conflitos socioetnorraciais nem gerou violência.

A ideia de que a presença negra nesses ambientes pudesse gerar conflitos violentos entre negros e brancos vem de uma leitura equivocada de que os jovens desses grupos étnico-raciais estão em constante disputa ou "guerra" social. No entanto, o que se constata é que muitos jovens de ambos os grupos não consideram as cotas um erro político, mas uma ação governamental de justiça social relevante e ética. Desse modo, a violência e as provocações são da população racista e preconceituosa.

Os negros têm sofrido discriminação e marginalização desde o período colonial; não será com as ações afirmativas e com seu ingresso na universidade que aumentarão os conflitos étnico-raciais. Alguns acham que o negro traz em si uma violência natural e por isso o temem; outros dizem que é preciso "proteger" o negro da violência, e por isso as cotas não seriam adequadas. Em ambos os casos, o objetivo é um só: impedir que os negros brasileiros alcancem autonomia.

Os críticos das cotas afirmam ainda que estas provocariam divisões internas no ambiente universitário. Surgiriam, assim, alas distintas definidas étnica e racialmente nas universidades, o que prejudicaria o ensino. Essa ideia se baseia na crença de que a universidade brasileira deve ter um público coeso, cultural e socialmente falando. Concebe-se a universidade e os demais setores públicos como espaços sem a diversidade e multietnicidade que constitui nossa sociedade.

A visão de que não deve haver divisões no cotidiano universitário é perigosa e uniformizadora. Se isso ocorresse, as universidades tornar-se-iam espaços monolíticos, monocromáticos e de pensamento único. As alas existem em qualquer ambiente social, sendo calcadas em critérios identitários (étnico-raciais, religiosos, sexuais e, fundamentalmente, classistas), sendo algo "comum" entre indivíduos que se assemelham. Desse modo, as alas não seriam propriamente um fenômeno social constituído pela aplicação da política de cotas na universidade ou em qualquer outro ambiente institucional.

Defensores e críticos da política de cotas têm discutido seu período de vigência. No entanto, consideramos prematura e equivocada a discussão, pois qualquer definição de duração de tal política não pode ser fixada sem que haja estudos sobre seu impacto social. É um grande erro querer estabelecer prazo de validade para uma política pública tão nova, sobretudo pela mudança de paradigma que ela provoca em diversas instituições. E vale ressaltar que a avaliação da política de cotas deve ser feita sistematicamente.

É importante lembrar também que os recursos públicos da União e dos estados para financiar o ingresso e a permanência dos negros no ensino superior devem estar vinculados a políticas de desempenho, capacitação e atualização dos docentes e alunos presentes nas escolas de ensino médio, fundamental, educação infantil e de jovens e adultos situadas nas inóspitas periferias do país.

> Não se pode financiar o ensino superior abandonando as outras modalidades de ensino, tão necessárias à população negra e ao país como um todo. Não se atinge uma demanda reprimida criando outra, pois se corre o risco de positivar um negro negando e negativizando centenas de outros negros, em função dos interesses midiáticos e daqueles mediados e imediatos do mercado e do governo que constroem consumidores e cidadãos. (Fonseca, 2004, p. 79-80)

Portanto, não se defende a implementação de políticas focadas desconsiderando as universais. Elas necessitam ser elaboradas de forma complementar. Até porque as políticas focadas operam na distinção, isto é, na discriminação positiva de um em relação ao outro, enquanto as universais visam à igualdade genérica e aparentemente impessoal entre os indivíduos — mas estas não se dão de maneira neutra e abstrata. Desse modo, as políticas públicas só seriam eficientes se estivessem voltadas para a correção das lacunas das políticas universalistas, propiciando um atendimento "guarda-chuva" à população mais vulnerável sem abandonar as camadas médias da sociedade.

Há de se considerar, ainda, que a adoção das cotas precisa focar também a permanência dos alunos na universidade, possibilitando a conclusão adequada dos cursos. Nos primeiros anos das cotas na Uerj, diversos negros foram expostos a uma situação vexatória, pois não tinham recursos para adquirir o material necessário nem para custear o transporte. Servidores, docentes e militantes fizeram contribuições para mantê-los na universidade. A mesma situação se repete em todo o país. Nesse sentido, é fundamental a criação de fundos públicos para propiciar uma política de permanência que contemple aspectos significativos da vida universitária, respeitando as particularidades e as demandas de cada curso.

Mais um detalhe: muitos alunos não optam por cursos nas áreas de ciências exatas, tecnológicas ou biológicas pelo fato de não conseguirem cursar o período integral, pois precisam trabalhar o dia todo. Daí que a maioria de negros faz cursos na área de humanidades, em particular Pedagogia, Letras e História. Esses cursos, além de não se darem em período integral, propiciam o caminho mais rápido para a inserção no mercado de trabalho, ou seja, a escola. Assim, a vocação e a carreira são ditadas pelas condições econômicas.

Mas será que os estudantes negros e outros contemplados deveriam realizar, após o término de sua formação, serviços em sua comunidade de origem ou em outra carente social, econômica e educacionalmente por um período no mínimo igual àquele de duração de seu curso? Cremos que sim, desde que esse trabalho social não prejudique ou impeça o jovem de ganhar seu sustento em uma atividade profissional, bem como de avançar nos estudos posteriores. No entanto, devemos considerar — como regra ética, educativa e civilizatória — que todos os estudantes das universidades públicas, inclusive os que não ingressaram nelas por meio de ações afirmativas, deveriam também dar sua contribuição à sociedade realizando atividades técnico-científicas, de formação, de ensino e de extensão em comunidades carentes economicamente e vulnerabilizadas social e historicamente, pois ali também estão os cidadãos que contribuem com a sua formação profissional.

• • •

Em tese, as políticas focais não deveriam fazer distinção entre negros empobrecidos ou aqueles situados nos setores médios ou abastados da sociedade. Entretanto, é preciso estabelecer critérios que beneficiem os mais necessitados quanto a renda, gênero, estrutura familiar, orientação sexual, idade e condições físicas (pessoas com deficiência).

A questão da cor da pele é complexa não do ponto de vista da dermatologia, de uma ascendência qualquer ou proveniente de processos migratórios (nacionais e transnacionais), pois, como se sabe a partir de diversos estudos, a cor da pele humana muda, sobretudo diante das diversas ações do ambiente, inclusive dos raios solares ou de sua ausência, mas também por filtros técnicos laboratoriais e por iluminação artificial ou precária. A cor da pele, portanto, é também uma construção social e estética, e a obtenção de laudos dermatológicos e relatórios médicos vinculados a geneticistas para confirmar uma negridade epidérmica não condiz com o que se espera, sendo inadequados cientificamente. Os aspectos fenotípicos (cor, tipo de cabelo, formato do nariz etc.) não podem ser adotados como medida única e absoluta de participação, de empate e/ou de exclusão de qualquer cidadão nessa política de discriminação positiva, até porque lembram as teorias raciais do final do século XIX. É preciso utilizar o reconhecimento social do outro, não apenas o critério de autoidentificação, que pode produzir fraudes vergonhosas. As características fenotípicas e a aparência dos candidatos são mobilizadas por um conjunto de fatores — entre os quais a cor da pele e dos olhos, a textura do cabelo, o formato dos lábios e da boca, do nariz e das narinas —, que compõem o que será verificado pelas comissões de heteroidentificação. No entanto, há de se reconhecer que o fenótipo (a cor da pele, principalmente) define os diversos níveis de desigualdade e de exclusão dos processos decisórios no país (Hasenbalg, 1979; Soares, 2000).

Enfim, as políticas de cotas e demais ações afirmativas relacionam diferentes categorias analíticas e conceitos. Não se pode tratar delas sem que tenhamos uma perspectiva teórica que se refira à etnia/raça, à identidade, à classe, ao gênero e a outras variáveis sociais.

A LEI N. 10.639, DE 9 DE JANEIRO DE 2003

Em janeiro de 2003, o presidente Luiz Inácio Lula da Silva sancionou a Lei n. 10.639, que alterou a Lei n. 9.394, de 20 de dezembro de 1996 — que estabelecia as diretrizes e bases da educação nacional — para incluir no currículo oficial da Rede de Ensino a obrigatoriedade da temática "História e Cultura Afro-Brasileira".

Os artigos alterados da Lei de Diretrizes e Bases da Educação Nacional (LDB) são os seguintes:

Art. 26-A. Nos estabelecimentos de ensino fundamental e médio, oficiais e particulares, torna-se obrigatório o ensino sobre História e Cultura Afro-Brasileira.
§ 1º O conteúdo programático a que se refere o *caput* deste artigo incluirá o estudo da História da África e dos Africanos, a luta dos negros no Brasil, a cultura negra brasileira e o negro na formação da sociedade nacional, resgatando a contribuição do povo negro nas áreas social, econômica e política pertinentes à História do Brasil.
§ 2º Os conteúdos referentes à História e Cultura Afro-Brasileira serão ministrados no âmbito de todo o currículo escolar, em especial nas áreas de Educação Artística e de Literatura e História Brasileiras.

De acordo com Lara Santos Rocha (*apud* Abe, 2023), assessora de educação do Centro de Estudos das Relações de Trabalho e Desigualdades (Ceert), a lei promoveu avanços:

Ainda que não seja da maneira que sonhamos, a maior parte das escolas hoje entende que algo tem que ser falado sobre as relações raciais, africanidade ou afro-brasilidade. Que esses são temas necessários para a educação. As concepções política e pedagógica por trás disso ainda não estão consensuadas nem aprofundadas o suficiente, e ainda há muita coisa equivocada acontecendo, mas houve avanços, sim.

Já o deputado estadual do Rio de Janeiro Professor Josemar (2023) é mais incisivo:

> Embora duas décadas tenham se passado, podemos afirmar que a lei 10.639 não foi implementada de forma efetiva. Há uma distância entre o que se propõe e o seu resultado, e o motivo está na intolerância, na discriminação e no racismo.

Vale lembrar que a Lei n. 11.645, de 10 de março de 2008, também sancionada por Lula, incluiu no currículo oficial da rede de ensino a obrigatoriedade da temática "História e Cultura Afro-Brasileira e Indígena".

O ESTATUTO DA IGUALDADE RACIAL: EXPECTATIVA *VERSUS* REALIDADE

É nesse contexto de estudos, debates e reflexões que abordaremos agora o Estatuto da Igualdade Racial, proposto pelo então deputado federal Paulo Paim em 2000 e revisto em 2002, sendo publicado na atual versão em 2003. Vale ressaltar que o Estatuto se destina a defender os que sofrem preconceito ou discriminação em função de etnia, raça e/ou cor. Segundo o artigo 3º (Paim, 2003, p. 8),

> além das normas constitucionais relativas aos princípios fundamentais, aos direitos e garantias fundamentais, aos direitos sociais, econômicos e culturais, o Estatuto da Igualdade Racial adota como diretriz político-jurídica a reparação, compensação e inclusão das vítimas da desigualdade e a valorização da diversidade racial.

Paim continua (p. 28):

Sabemos que o sistema de cotas sofrerá profundas discussões, assim como aconteceu nos Estados Unidos, onde as argumentações vão desde a temporalidade do sistema até conceitos de livre promoção do indivíduo, de sua liberdade, vontade e competência, transformando assim o Estado de direito em um administrador de interesses de grupos e corporações. Essa justificativa para não adotarmos as ações afirmativas no Brasil poderia ter consistência se todos tivessem as mesmas oportunidades. Na realidade a sociedade não é igual, e tratar pessoas de fato desiguais como iguais só amplia a distância inicial entre elas, mascarando e justificando a perpetuação de iniquidades.

Nota-se que as propostas que fazem parte do Estatuto estão relacionadas com outras lançadas pelo movimento negro, por parlamentares como o deputado Carlos Alberto de Oliveira (Caó), a senadora Benedita da Silva e o senador Abdias Nascimento. Cabe salientar que Paulo Paim, assim como diversos integrantes do movimento negro brasileiro, estava ciente de que a introdução do Estatuto da Igualdade Racial passaria por diversas negociações nos três poderes. De modo que, se aprovado, não seria nem a proposta lançada em junho de 2000 nem a versão do texto modificada em dezembro de 2002.

Um exemplo nítido de negociação é o Capítulo III, "Do direito à indenização aos descendentes afro-brasileiros", que aparece no texto original de 2000 e foi retirado do texto de 2002. Nos parágrafos 1º, 2º, 5º e 6º, o artigo 14 dizia:

A União pagará, a título de reparação, a cada um dos descendentes de africanos escravizados no Brasil, o valor equivalente a US$ 102.000,00 (cento e dois mil dólares). [...] Terão direito a esse valor material todos os descendentes de africanos escravizados no Brasil nascidos até a data de publicação da presente lei. [...] Compete à União os ônus de prova contestatória às reivindicações de reparações propostas individual ou coletivamente pelos descendentes de africanos escravizados no Brasil. [...] A União, inclusive o Congresso Nacional, buscará meios econômicos e legais para cobrir as despesas advindas do disposto no artigo 11 e parágrafos desta lei.

É importante salientar que a indenização monetária no valor de US$ 102 mil já havia sido proposta pelo Movimento Reparações Já em 1993, como se observa na imagem reproduzida na página132. O cálculo foi feito em função de documentos que informavam, de modo estimativo, o número de escravizados no Brasil, o tempo de vida produtiva esperado dessa população e seu tempo médio de trabalho, sendo contabilizado um período que vai do século XVI até 1888.

Segundo o advogado Sidney de Paula Oliveira (2013, p. 45), "percebe-se que o projeto de lei apresentado em 2003 foi um e a lei sancionada por volta de sete anos depois foi substancialmente alterada na sua essência, em seu ideal e em seu propósito".

Oliveira continua: "Há situações diametralmente opostas quando se faz a comparação, ainda que rasa, entre o texto do projeto de lei e a lei sancionada pelo então presidente Luiz Inácio Lula da Silva". Comparando o Projeto de Lei n.

213/2003 e a Lei n. 12.288/2010[29], o autor aponta diversas diferenças — algumas sutis, outras nem tanto.

Onde antes se falava em "desigualdades raciais", passa a se falar em "desigualdade racial", como se o fenômeno fosse único. No artigo 1º do PL, o termo utilizado é "afro-brasileiros" para abarcar "negros, pretos, pardos ou definição análoga" (Oliveira, 2013, p. 46). Além disso, as palavras "compensação" e "reparação" foram trocadas por "inclusão). O autor prossegue:

> Em contrapartida, o inciso IV do artigo 1º da lei adota o termo "população negra", entendida como aquelas pessoas que se "autodeclaram pretas e pardas". Consequentemente, o termo "afro-brasileiro", previsto na própria Constituição Federal, foi deixado de lado nessa lei.

Mais importante que isso, porém, é o fato de que a indenização aos descendentes de escravizados, proposta pelo PL de Paim, foi sumariamente eliminada da lei (Oliveira, 2013).

O artigo 3º do Projeto de Lei n. 213/2003 afirma:

> Além das normas constitucionais relativas aos princípios fundamentais, aos direitos e garantias fundamentais, aos direitos sociais, econômicos e culturais,

---

29. O PL de Paim pode ser acessado em: https://bvsms.saude.gov.br/bvs/publicacoes/pop_negra/estatuto_racial.pdf. O texto final do Estatuto da Igualdade Racial de 2010 encontra-se em: https://www.planalto.gov.br/ccivil_03/_ato2007-2010/2010/lei/l12288.htm. Acesso em: 2 fev. 2024.

Movimento Pelas Reparações-Já!

O VALOR DA INDENIZAÇÃO A CADA DESCENDENTE DE ESCRAVO NO BRASIL (ESTIMATIVA)

- De acordo com João Fragoso e Manolo Florentino, e David Mills et.al. entraram no Brasil e trabalharam como escravos

3.600.000 africanos

- Considerando que cada escravo gerou, pelo menos, 3 filhos/escravos, se chega ao total de que nos quase 400 anos de escravidão, o Brasil teve aproximadamente

30.700.000 escravos

- A vida de trabalho por escravo estima-se em **20 anos**
- Deduz-se que o trabalho escravo representou

614.000.000

de anos de trabalho não remunerado
- Pegando-se como referência o salário mínimo/anual do trabalhador nos países "desenvolvidos", que chega atualmente a **US$ 10.000**
Conclui-se que:
- os beneficiados da exploração dessa mão-de-obra gratuita são devedores de

US$ 6.140.000.000.000,00

(seis trilhões e cento e quarenta bilhões de dólares);

De forma alternativa, podemos dizer que:
- Temos hoje, no Brasil, pelo menos **60.000.000** de descendentes de africanos escravizados; Isto significa que cada descendente é credor do equivalente a 10 anos de trabalho escravo do seu antepassado.
- Dessa forma, conclui-se que:

cada descendente tem direito a receber, individualmente, US$ 102.000,00 (Cento e dois mil dólares), aproximadamente.

Observações: Os cálculos aqui elaborados partem dos estudos de Fragoso, Florentino ("O Arcaísmo como Projeto") et. al..
O número de 60 milhões de descendentes de africanos escravizados representa em torno de 40% da população total do Brasil estimada pelo IBGE.
/s cifras expressas neste estudo ainda não são conclusivas.

São Paulo, Novembro, 1993

o Estatuto da Igualdade Racial adota como diretriz político-jurídica a reparação, compensação e inclusão das vítimas da desigualdade e a valorização da diversidade racial.

Já o artigo 3º da Lei n. 12.218/2010 diz o seguinte:

Além das normas constitucionais relativas aos princípios fundamentais, aos direitos e garantias fundamentais e aos direitos sociais, econômicos e culturais, o Estatuto da Igualdade Racial adota como diretriz político-jurídica a inclusão das vítimas de desigualdade étnico-racial, a valorização da igualdade étnica e o fortalecimento da identidade nacional brasileira.

A LEI DE COTAS

Promulgada em 29 de agosto de 2012, a Lei n. 12.711, chamada de Lei de Cotas, "garante a reserva de 50% das vagas nas universidades e instituições federais de ensino técnico de nível médio para pretos, pardos, indígenas, pessoas com deficiência e estudantes de escola pública" (Mota, 2023). Ela garante a reserva de 50% das matrículas por curso e turno nas unidades educacionais federais e nos institutos federais de educação, ciência e tecnologia a estudantes provenientes do ensino médio público.

Em 2023, o presidente Lula sancionou o projeto que fez a revisão da Lei de Cotas. Os princípios originais foram mantidos — 50% das vagas para pretos, pardos, indígenas, pessoas com deficiência e alunos de escola pública com baixa renda. Porém, a nova lei incluiu os estudantes quilombolas. Além disso, a renda familiar de quem tem direito ao benefício mudou, passando de 1,5 salário mínimo para um salário mínimo *per capita*.

De qualquer maneira, é fundamental salientar que diversos programas lançados no Brasil nas últimas décadas (excluindo, por óbvio, os anos do governo Bolsonaro) têm como fundamento a luta do movimento negro pela constituição de políticas específicas para esses grupos vulnerabilizados da população. Hoje, o país convive com uma lei de cotas para que as mulheres tenham 30% de representação nos partidos políticos. Há iniciativas específicas para idosos e pessoas com deficiência — sem falar nos programas de renda mínima, que têm como princípio as ações afirmativas: são políticas em prol desses grupos vulnerabilizados que precisam do apoio do Estado.

O Programa Universidade para Todos (Prouni), proposto pelo MEC na primeira gestão do presidente Lula, visa ampliar as cotas universitárias, estendendo-as também às universidades privadas. Os beneficiados são alunos da rede pública de ensino com renda familiar por pessoa de até um salário e meio (bolsa integral) e de até três salários mínimos (bolsa parcial), além de outros requisitos — como ter cursado o ensino médio em escola pública ou privada, com ou sem bolsa da instituição; ser pessoa com deficiência; ou ser professor da rede pública do ensino básico sem curso superior[30]. As bolsas de estudo para negros e indígenas foram

....
30. Para mais detalhes, consulte o site do Prouni: https://acessounico.mec.gov.br/prouni.

concedidas de acordo com a proporção dessas populações em cada estado.

Nesse mesmo caminho, o Sistema de Seleção Unificada (Sisu) é um sistema eletrônico gerido pelo MEC para as vagas ofertadas por instituições públicas de ensino superior de todo o Brasil. O sistema seleciona os estudantes com base na média da nota do Exame Nacional do Ensino Médio (Enem) até o limite da oferta das vagas, por curso e modalidade de concorrência, de acordo com as escolhas dos candidatos inscritos e perfil socioeconômico para a Lei de Cotas.

Vale ressaltar que a própria Organização das Nações Unidas (ONU) tem aplicado uma política de ação afirmativa desde o ano de 1980, quando procurou distribuir 50% dos cargos de direção às mulheres. Desse modo, é oportuno frisar que as cotas estabelecem e definem um percentual para cada grupo social, dependendo de sua representação na sociedade, sem impedir com isso a manutenção da ordem competitiva e o caráter liberal que marcam a estrutura social capitalista.

10
Concluindo um processo dinâmico — A história cobra seus mortos e quer atuar com os vivos

Neste início de século XXI, a sociedade e o Estado brasileiro têm consciência de que é preciso encarar as políticas públicas e as ações afirmativas. A constituição de uma agenda positiva para a população negra está refletida em diversos instrumentos políticos, tais como a Constituição Federal (1988), a Declaração de Durban e Plano de Ação (2001), as versões do Estatuto da Igualdade Racial (2000, 2002), o próprio Estatuto (2010), as leis n. 10.639 (2003) e n. 11.164 (2008) e a Lei de Cotas (2012).

O tema vem sendo debatido em pesquisas, teses, dissertações e artigos. Todos esses estudos e documentos fazem alusão à história escravista brasileira e à necessidade de que o país crie mecanismos institucionais eficazes para alicerçar as reais demandas e as conquistas auferidas pela população negra desde o período escravista.

Muitos são os que veem nas políticas públicas uma ação eminentemente voltada para os interesses dos movimentos negros fundamentados no marxismo e na busca de direitos sociais embasados pela luta de classes (Moore, 2010). A elite branca seria a exploradora, expropriadora e espoliadora dos negros e dos diversos grupos étnicos indígenas desde o descobrimento, pelos portugueses, deste imenso território.

Essa leitura também se traduz na oposição ao branco originário do processo de imigração europeia no final do século XIX, que recebeu grandes benefícios sociais do Estado e acabou formando a base da atual classe média, sempre altiva em defender a branquitude, sua visão supremacista e seus privilégios antigos, mantidos sob o criminoso escravismo. Nesse processo, as populações negras e indígenas, urbanas e rurais, continuaram às margens da sociedade de classes, tornando-se vulnerabilizados étnico-raciais por uma política de Estado e pelo jogo político-econômico feito pela sociedade civil branca ou embranquecida.

Assim, muitos consideram que essas reivindicações do movimento negro brasileiro estão calcadas em propostas marxistas, que ferem a lógica de uma sociedade democrática e assentada nos valores do cristianismo e do liberalismo. Encaram as políticas públicas focadas como perigo iminente de cisão da sociedade nacional, pois elas seriam separatistas e distinguiriam negros de não negros. Mais do que isso, estabeleceriam um recorte político entre empobrecidos pelo "simples" traço diacrítico da cor e da raça. Muitos são contrários às ações afirmativas porque ainda acreditam no princípio mítico das três raças irmãs que constituíram o Brasil e fundaram uma verdadeira democracia racial nos trópicos, sem a mancha do racismo presente nos Estados Unidos e na África do Sul, por exemplo.

No entanto, as ações afirmativas também são vistas por integrantes de movimentos sociais, políticos e intelectuais como reivindicação que não tem nenhum assento nas teorias do marxismo revolucionário, na medida em que se apresentam à sociedade como necessidade de integração à ordem vigente. Os artífices das políticas de ações afirmativas, inclusive das cotas, demandam mecanismos legais e formais de inclusão na lógica competitiva do mercado de bens materiais e simbólicos produzidos pelo sistema capitalista.

Nesse contexto, as ações afirmativas não estão fundadas em princípios revolucionários ou na constituição de uma nova ordem baseada em separações. Ao contrário, fundamentam-se na lógica da unidade e na diversidade de talentos para a produção cada vez maior de profissionais qualificados para atender ao mercado. Elas visam produzir reformas estruturais a fim de ampliar o número de indivíduos participantes da cidadania republicana, bem como o universo daqueles que participarão efetivamente da construção do país com condições de adquirir poder aquisitivo pessoal e familiar para atuar na arena social e política enquanto dignos cidadãos brasileiros.

Dessa maneira, as ações afirmativas têm origem no liberalismo, já que apostam na capacidade e nos talentos individuais, porém necessitam a ordenação e regulação do Estado para se fazer valer. Assim é que os negros vão solicitar ao Estado liberal que cumpra o seu papel histórico, ou seja, o de manter a liberdade, mas também de promover a competitividade justa no mercado de trabalho e nas instituições de ensino superior (universidades e institutos). Não é à toa que diversos organismos multilaterais, como o Banco Mundial e a ONU, desejam que o Brasil adote tais políticas o mais breve possível, permitindo que indivíduos talentosos presentes em grupos vulnerabilizados sejam incorporados à sociedade competitiva e de consumo.

Assim, as políticas de ações afirmativas estavam na agenda governamental do país com o duplo sinal do marxismo e do liberalismo, mas também do neoliberalismo econômico e da globalização política, presentes no ideário social-democrata dos governos FHC, Lula, Dilma e Temer, visando atender às reivindicações do movimento negro brasileiro, sobretudo no que toca à juventude negra. Jovens que concluíram o ensino médio ou estavam prestes a concluí-lo e não tinham quaisquer perspectivas de futuro no sistema socioeconômico e cultural vigente no final da década de 1990 e início dos anos 2000 passaram a ter alguma expectativa positiva quanto ao futuro.[31]

Desse modo, as políticas públicas assentam-se não na teoria, mas na realidade e no pragmatismo das elites econômicas, dos governantes e dos institutos de pesquisa, curvando-se àquilo que o movimento negro já denunciava desde 1888: a necessidade de políticas focadas que retirassem o atraso educacional, científico e tecnológico a que a população negra foi submetida pelo Estado brasileiro e pelas demais forças vivas da sociedade de então.

Comparar as ações afirmativas propostas no Brasil com as concebidas nos Estados Unidos ou em outros países nos ajuda a aprender com seus erros e acertos. Não podemos simplesmente considerá-las alheias à nossa realidade social,

....

31. A exceção foi o governo Bolsonaro, que não teve nenhum interesse em manter essas políticas públicas e sociais no país.

mas, do mesmo modo, não podemos aplicá-las sem análises e críticas responsáveis.

Em primeiro lugar, é preciso observar a realidade dos negros norte-americanos e sua luta pelos direitos civis nas décadas de 1950 e 1960, que culminaram na constituição de ações afirmativas e no fim da segregação legal imposta pelo Estado. No Brasil, não houve uma lei de segregação, mas a segregação existe em nossa realidade cotidiana, particularmente nos cargos de maior prestígio de empresas privadas, nas funções de maior responsabilidade nas repartições públicas, nos departamentos e reitorias de universidades públicas ou privadas — e, também, nas habitações precárias e nos bairros periféricos.

A introdução das ações afirmativas nos Estados Unidos esteve pautada pela lógica do liberalismo e do neoliberalismo, mas também houve associações com o socialismo e com o culturalismo, na medida em que procurava amenizar possíveis conflitos de classe e de grupos étnico-raciais.

Porém, os debates em torno das ações afirmativas não estão pautados por esses exemplos. Elas se dão atualmente no puro e estreito jogo político-econômico, sendo canalizadas no ambiente universitário e no mercado de trabalho público ou privado. Encontram ressonância inclusive no Supremo Tribunal Federal, justamente porque há amparo a elas na Carta Magna de nosso país.

Para entender esse jogo político e o conjunto de demandas e articulações do movimento negro, é importante compreender que a política neoliberal implantada no Brasil nos governos Collor, Itamar e FHC fez surgir e recrudescer reivindicações dos sindicatos, dos partidos políticos de oposição e dos movimentos sociais. O mesmo se deu na universidade pública — lugar de produção científica, mas também de luta política num espaço de excelência.

No entanto, naquele momento as universidades não estavam prontas para atender a esse contingente cada vez maior de negros. Ficou patente, então, que a juventude negra ficaria de fora das universidades e do mercado de trabalho se não se criassem mecanismos e políticas afirmativas que propiciassem a concorrência entre eles e os brancos. Não pela falta de talentos, de conhecimento técnico, mas sobretudo pela ausência cada vez maior de oportunidades em um mercado de trabalho voltado para uma revolução tecnológica jamais vista — a revolução digital.

O fato é que muitos dos que participam desse jogo político e econômico são filhos e netos de imigrantes europeus e asiáticos que se beneficiaram de políticas públicas específicas adotadas no século XIX e início do século XX, como dissemos antes. Hoje, muitos descendentes desses imigrantes estão no sistema de ensino universitário do país e têm consciência de que é nesse espaço social que se define um conjunto de políticas públicas para o Brasil — sejam as focadas, sejam as universalistas. E têm ciência de que as políticas focadas são oriundas das reivindicações da sociedade civil organizada, ao passo que as universalistas são concebidas em departamentos das instituições privadas, em salas luxuosas de secretarias, ministérios, autarquias públicas, gabinetes e palácios.

Isso quer dizer que no Brasil o poder tem um passado, e esse poder vincula-se à universidade, especialmente à pública, lugar da pesquisa de ponta, que tem financiamento da sociedade civil e do Estado. Os debates em torno das ações afirmativas vêm denunciando esse aspecto perigoso, mas vivo de nossa sociedade, na medida em que mostram o nosso pluralismo e denunciam uma democracia de desiguais, mesmo em instituições que se travestem de neutralidade e de distanciamento social.

Além disso, tais debates mostram que há no país um movimento social de brancos importante, atuante e plural. Uma parte dele nega os racismos presentes. Outra se afirma supremacista e racista, enquanto uma terceira se posiciona politicamente como antirracista. Esta última também reivindica as cotas sociais, desvinculadas dos quesitos cor e raça, isto é, articula e negocia com o movimento negro — que também é política e culturalmente polissêmico.

Todavia, esses mesmos brancos ainda estão confusos com o instituto da "boa aparência" no mercado de trabalho. Alguns começam a questionar sua condição de privilégio, isto é, sua branquitude no interior dessa sociedade brancocêntrica. Têm ciência de que o racismo sistêmico-orgânico e institucional que os protegeu até o momento significa que seu poder político e econômico é fruto de um crime de lesa-humanidade. Começam a entender que o combate ao racismo não é uma luta somente do negro, mas deles também, sobretudo porque reconhecem que foram os seus antepassados que o construíram para benefício próprio e de seus descendentes.

Nossa conjuntura sociopolítica mostrou-se bastante dinâmica nas últimas duas décadas, quando o conjunto de políticas sociais e públicas tomou corpo no seio da sociedade e dos movimentos sociais da cidade e do campo. Ainda temos um grande desafio pela frente, pois todo esse processo identitário de ser negro ou branco está associado às adesões e às escolhas políticas — ou, ainda, segundo Castells

(1999), às identidades em rede e às identidades de projeto. Afinal, ser branco, indígena ou negro (preto ou pardo) também é uma invenção social construída pelo imaginário ocidental e pelas amplas coletividades presentes na pluralidade cultural e étnico-racial brasileira.

A definição do que é branco, do que é negro e do que é indígena no país requer diálogos e interpretações a respeito dessas adaptações culturais e (re)invenções históricas. Esse processo de constituição das identidades étnico-raciais deve ser capitaneado por cada um e cada uma, mas para efetivar políticas públicas é fundamental que os operadores do direito e os membros das comissões de heteroidentificação estejam atentos à dinâmica sociocultural das características fenotípicas. Estas não são físicas nem imutáveis; há tonalidades diferentes de cor e fenotipias diversas. Constata-se, assim, que as linhas de cor em nossa sociedade servem para variados fins, sobretudo aos de fundo político, ideológico, psíquico, cultural e econômico, ou seja, ao poder de quem pode usá-las individual ou coletivamente.

Desse ponto de vista, nossa sociedade tem de lidar com uma gama muito maior de classificações por cor, raça, etnia e fenotipia do que a estadunidense, por exemplo, pelo processo de miscigenação e pela tentativa, de parcela significativa da população, de omitir a ascendência africana e indígena.

No entanto, neste século XXI, as identidades estimuladas pelo movimento negro, pelos governos e pelo Estado trazem novos autores, entre os quais a juventude negra e indígena — ambas aguerridas — que se apresenta nas universidades, bem como no mercado de trabalho.

Hoje, estudiosos das relações étnico-raciais e setores do movimento negro produzem e analisam conceitos que superam as velhas e novas armadilhas que definem o eu e o outro segundo dados, regras, normas e métodos classificatórios profundamente arbitrários, pois se fixam numa hipotética essência racial (Fonseca, 2004; Pinho e Sansone, 2008). Esse deve ser o esforço e o compromisso de atualização constante dos membros das comissões de heteroidentificação e de todos os que estão no sistema judicial de nosso país.

Como já salientamos, as ações afirmativas, como o sistema de reserva de vagas e as cotas, são políticas para corrigir as distorções sociais presentes nos ambientes em que elas são adotadas (Fonseca, 2004, 2009; Santos, H. 2001; Santos, S. 2003, 2005). Nesse sentido, ao adotarem essas políticas para que discentes pretos, pardos e indígenas possam ingressar em seus diferentes cursos, as instituições de ensino superior reconhecem as necessidades de se criar mecanismos que diminuam as discrepâncias presentes nos seus *campi*, onde a imensa maioria é de autodeclarados brancos, reconhecidos socialmente como tal.

Embora possamos considerar que as ações afirmativas são temporárias, elas encerram uma perspectiva pedagógica, pois constituem uma medida política de correção social. É bom frisar que, embora sejam medidas temporárias, não são paliativas. Elas são necessárias para enfrentar o problema sistêmico e organizador da sociedade que é o racismo, bem como suas variações deletérias e criminosas.

Muitos segmentos sociais combatem as ações afirmativas, pois em longo prazo elas vão alterar o *status quo* conquistado a partir dos escravismos de ontem e dos racismos de hoje. Apesar disso, essas políticas se impõem pela força do movimento social, que conseguiu colocá-las na agenda governamental pela sua legitimidade política e constitucional.

É importante compreender que as ações afirmativas não visam resolver o problema efetivo da inserção da população branca, preta e parda egressa do ensino médio público na universidade pública, tampouco fazer que pretos e pardos assumam em curto prazo cargos decisórios nas empresas privadas e nos órgãos públicos do país. Até porque, para que isso aconteça, elas precisam estar conjugadas com outras ações, entre as quais uma melhora significativa na qualidade da educação como um todo, transcendendo seu caráter social e corretivo das distorções sociais.

Com as ações afirmativas, construiremos a base para uma política de diversidade permanente nas universidades e no mercado de trabalho, estendendo todo um repertório de conhecimentos a pessoas pretas e pardas. Desse modo, não se pode agora debater a vigência dessas políticas. Consideramos prematura qualquer discussão com o fito de estabelecer términos temporais; porém, avaliações periódicas e constantes se fazem necessárias.

Não se pode fixar um tempo de duração para algo completamente novo para nós. Se assim for, corremos o risco de extinguir essas políticas quando ainda se iniciam. Necessitamos contabilizar e colher os frutos apenas quando eles estiverem maduros.

Afinal, foram 358 anos de escravismo do período colonial ao imperial e 136 anos de racismo sistêmico, orgânico e institucional na República, isto é, 494 anos de violência sistêmica e criminosa. Foi num período de pouco mais de vinte anos que as políticas públicas passaram a vigorar. Hoje, elas permanecem, mas com muitas dificuldades e ataques constantes de setores da classe média, da burguesia branca nacional e de grande parte da classe política, que defendem seus privilégios, de maneira sub-reptícia ou latente, como legítimos.

Hoje, o diálogo é um imperativo para que possamos avaliar o processo em curso e também aprimorá-lo. As políticas de ação afirmativa têm propiciado uma nova perspectiva social, política e econômica aos jovens negros, indígenas e brancos empobrecidos. É mister que sigamos, ampliando-as para os indígenas e quilombolas, bem como elaborando de maneira eficaz políticas de assistência e permanência estudantil, não só de ingresso. Afinal, as ações afirmativas implicam a inclusão e a permanência/conclusão dos cursos pelos estudantes. Devemos fazê-las e desenvolvê-las em prol das novas gerações e de um futuro justo, reparador, com redistribuição de renda, dignidade e cidadania.

Bibliografia

Abe, Stephanie Kim. "20 anos da Lei 10.639: por mais avanços rumo a uma educação antirracista". Cenpec (online), 9 jan. 2023. Disponível em: https://www.cenpec.org.br/noticias/20-anos-da-lei-10-639. Acesso em: 11 abr. 2024.

Adichie, Chimamanda Ngozi. *O perigo da história única*. São Paulo: Companhia das Letras, 2019.

Alencastro, Luiz Felipe de. *O trato dos viventes: formação do Brasil no Atlântico Sul*. São Paulo: Companhia das Letras, 2000.

Araujo, Ariella Silva. *O negro e a nacionalização da mão de obra: uma leitura do mercado de trabalho na Era Vargas*. Saarbrücken: Novas Edições Acadêmicas, 2014.

Araújo, Ubiratan de. "A Fundação Cultural Palmares: a política governamental e a população afro-brasileira". In: *Revista Ethnos Brasil*, ano 2, n. 2, set. 2005, p. 19-35 [Entrevista a Dagoberto José Fonseca].

Asante, Molefi Kete. *Afrocentricity*. Trenton: Africa World Press, 1987a.

_____. *Afroncentric idea*. Filadélfia: Temple University Press, 1987b.

_____. *Kemet, afrocentricity, and knowledge*. Trenton: Africa Word Press, 1990.

BARBEIRO, Heródoto. *História do Brasil*. São Paulo: Moderna, 1978.

BASTOS, Elide R. *As ligas camponesas*. Petrópolis: Vozes, 1984.

BÍBLIA SAGRADA. São Paulo: Paulinas, 1976.

BOSI, Alfredo. *Dialética da colonização*. São Paulo: Companhia das Letras, 1993.

CABAÇO, José Luís de O. *Moçambique: identidades, colonialismo e libertação*. Tese (doutorado em Antropologia) — Faculdade de Filosofia, Letras e Ciências Humanas, Universidade de São Paulo, São Paulo (SP), 2007.

CARDOSO, Fernando Henrique. *Capitalismo e escravismo no Brasil meridional: o negro na sociedade escravocrata do Rio Grande do Sul*. 3. ed. Rio de Janeiro: Paz e Terra, 1991.

CASHMORE, Ellis. *Dicionário de relações étnicas e raciais*. São Paulo: Selo Negro, 2000.

CASTELLS, Manuel. *A sociedade em rede*. São Paulo: Paz e Terra, 1999. v. 1.

CHALHOUB, Sidney. *Cidade febril: cortiços e epidemias na corte imperial*. São Paulo: Companhia das Letras, 1996.

CHIAVENATO, Júlio José. *O negro no Brasil*. 3. ed. São Paulo: Brasiliense, 1986.

COSTA, Gilberto. "Cresce total de negros em universidades, mas acesso é desigual". Agência Brasil, 20 nov. 2020. Disponível em: https://agenciabrasil.ebc.com.br/geral/noticia/2020-11/cresce-total-de-negros-em-universidades-mas-acesso-e-desigual. Acesso em: 25 abr. 2024.

CUNHA, Manuela C. da. "O futuro da questão indígena". In: FONSECA, Dagoberto José (org.). *Cadernos de formação: fundamentos sociológicos e antropológicos da educação*. São Paulo: Ed. da Unesp, 2003.

DAUM, Pierre. "Na Mauritânia, uma sociedade obcecada pela cor da pele". *Le Monde Diplomatique*, 1 ago. 2019. Disponível em: https://encurtador.com.br/elBCY Acesso em: 2 maio 2024.

DECLARAÇÃO DE DURBAN E PLANO DE AÇÃO. São Paulo: Secretaria de Participação e Parceria, Prefeitura Municipal de São Paulo, 2005.

DIÉGUES JR., Manuel. *Etnias e culturas no Brasil*. Rio de Janeiro: Civilização Brasileira, 1977.

FERNANDES, Florestan. A *integração do negro na sociedade de classes*. São Paulo: Ática, 1978. v. 1 e 2.

FERNÁNDEZ-ARMESTO, Felipe. *Os desbravadores: uma história mundial da exploração da Terra*. São Paulo: Companhia das Letras, 2009.

FERREIRA, Lania S. *Racismo na "família ferroviária": brancos e negros na Companhia Paulista em São Carlos*. Dissertação (mestrado em Ciências Sociais) — Universidade Federal de São Carlos, São Carlos (SP), 2004.

_____. *Entroncamento entre raça e classe: ferroviários no Centro-Oeste paulista, 1930-1970*. Tese (doutorado em Ciências Sociais) — Universidade Estadual de Campinas, Campinas (SP), 2010.

FONSECA, Dagoberto José. *Piada, sátira, dito popular, chamamento ofensivo e pejorativo: um instrumento ideológico e contraideológico*. São Paulo: Relatório de pesquisa CNPQ, 1989.

_____. *Piada: discurso sutil da exclusão — Estudo do risível no "racismo à brasileira"*. Dissertação (mestrado em Ciências Sociais) — Pontifícia Universidade Católica de São Paulo, São Paulo (SP), 1994.

_____. *Negros corpos (i)maculados: mulher, catolicismo e testemunho*. Tese (doutorado em Ciências Sociais) — Pontifícia Universidade Católica de São Paulo, São Paulo (SP), 2000.

_____. "Como era a vida em Palmares?". *Mundo Estranho*, São Paulo, n. 21, nov. 2003, p. 48-49.

_____. "A (re)invenção do cidadão de cor e da cidadania". *Cadernos Ceas*, Salvador, n. 210, mar./abr. 2004, p. 65-83.

_____. "História da África e afro-brasileira na sala de aula". In: SOUZA, Rosana de; BENEDITO, Vera Lúcia (orgs.). *Orientações curriculares: expectativas de aprendizagem para a educação étnico-racial na educação infantil, ensino fundamental e médio*. São Paulo: Secretaria Municipal de Educação, Diretoria de Orientação Técnica, 2008, p. 26-76.

_____. "Educação das relações étnico-raciais: o Brasil afro". In: MORAES, Mara Sueli S.; MARANHE, Elisandra A. (orgs.). *Educação de temas específicos*. São Paulo: Unesp, 2009, p. 73-105. v. 4.

Fonseca, Dagoberto José. *Você conhece aquela? A piada, o riso e o racismo à brasileira*. São Paulo: Selo Negro, 2012.

_____. "O racismo semântico-simbólico-cognitivo: 'ciência' que fere e mata". In: Fonseca, Dagoberto José (org.). *Racismos*. São Paulo: Selo Negro, 2023, p. 37-57 (Coleção África, presente! Negritude e luta antirracista, v. 3).

Freyre, Gilberto. *Casa-grande & senzala*. 25. ed. Rio de Janeiro: José Olympio, 1987.

Guimarães, Antonio S. A. *Racismo e antirracismo no Brasil*. São Paulo: Editora 34, 1999.

Hasenbalg, Carlos A. *Discriminação e desigualdades raciais no Brasil*. Rio de Janeiro: Graal, 1979.

Holanda, Sérgio Buarque de. *Raízes do Brasil*. 20 ed. Rio de Janeiro: José Olympio, 1988 (Coleção Documentos Brasileiros, v. 1).

IBGE — Instituto Brasileiro de Geografia e Estatística. *Censo brasileiro de 2022*. Rio de Janeiro: IBGE, 2023.

Karasch, Mary C. *A vida dos escravos no Rio de Janeiro: 1808-1850*. São Paulo: Companhia das Letras, 2000.

Lara, Silvia Hunold (org.). *Ordenações Filipinas Livro V*. São Paulo: Companhia das Letras, 1999.

Laurindo, Alessandra *et. al.* (orgs.). *A história comprovada: fatos reais e as dores da escravização araraquarense. As histórias que Rui Barbosa não queimou*. São Carlos: Rima, 2023.

Machado, Maria H. P. T. *Crime e escravidão: trabalho, luta e resistência nas lavouras paulistas — 1830-1888*. São Paulo: Brasiliense, 1987.

Maestri Filho, Mário J. *O escravo gaúcho: resistência e trabalho*. São Paulo: Brasiliense, 1984 (Coleção Tudo é História, n. 93).

Meillassoux, Claude. *Antropologia da escravidão: o ventre de ferro e dinheiro*. Rio de Janeiro: Jorge Zahar, 1995.

Meltzer, Milton. *História ilustrada da escravidão*. Rio de Janeiro: Ediouro, 2004.

MILLER, Joseph C. "A dimensão histórica da África no Atlântico: açúcar, escravos e plantações". In: MOURÃO, Fernando A. A. *et al.* (orgs.). *A dimensão atlântica da África*. São Paulo: CEA-USP/SDG-Marinha/Capes, 1997, p. 21-40.

MOORE, Carlos W. *O marxismo e a questão racial: Karl Marx e Friedrich Engels frente ao racismo e à escravidão*. Belo Horizonte/Uberlândia: Nandyala/Cenafro, 2010 (Coleção Repensando África, v. 5).

MOTA, Maria Clara. "10 anos da Lei de Cotas: o que mudou?" Politize!, 22 jan. 2023. Disponível em: https://www.politize.com.br/lei-de-cotas/. Acesso em: 25 abr. 2024.

NABUCO, Joaquim. *Minha formação*. São Paulo: Companhia Editora Nacional; Rio de Janeiro: Civilização Brasileira, 1934.

_____. *Discursos parlamentares*. Rio de Janeiro: Imprensa Nacional, 1950.

_____. *O abolicionismo*. Petrópolis: Vozes, 1977.

NITAHARA, Akemi. "Negros são maioria entre desocupados e trabalhadores informais no país". Agência Brasil, 13 nov. 2019. Disponível em: https://agenciabrasil.ebc.com.br/economia/noticia/2019-11/negros-sao-maioria-entre-desocupados-e-trabalhadores-informais-no-pais. Acesso em: 25 abr. 2024.

OLIVEIRA, Julvan M. de. "Matrizes dos racismos: o biológico e o epistêmico". In: FONSECA, Dagoberto José (org.). *Racismos*. São Paulo: Selo Negro, 2023, p. 15-36 (Coleção África, presente! Negritude e luta antirracista, v. 3).

OLIVEIRA, Sidney de Paula. *O Estatuto da Igualdade Racial*. São Paulo: Selo Negro, 2013.

PAIM, Paulo. *Estatuto da Igualdade Racial*. Brasília: Senado Federal, 2003.

PAIXÃO, Marcelo. *Manifesto antirracista: ideias em prol de uma utopia chamada Brasil*. São Paulo: DP&A; Rio de Janeiro: LPP/Uerj, 2006.

PAULA, Eunice Dias de *et al*. *História dos povos indígenas: 500 anos de luta no Brasil*. Petrópolis: Vozes/Cimi, 1984.

PINHO, Osmundo; SANSONE, Livio (orgs.). *Raça — Novas perspectivas antropológicas*. 2 ed. rev. Salvador: ABA/Edufba, 2008. Disponível em: https://repositorio.ufba.br/bitstream/ri/8749/1/_RAÇA_2ed_RI.pdf_.pdf. Acesso em: 25 abr. 2024.

PIOVESAN, Flávia. "Ações afirmativas sob a perspectiva dos direitos humanos". In: SANTOS, Sales Augusto (org.). *Ações afirmativas e combate ao racismo nas Américas*. Brasília: Ministério da Educação, Secretaria de Educação Continuada, Alfabetização e Diversidade, 2005, p. 33-43.

PIRATININGA JR. *Dietário dos escravos de São Bento: originários de São Caetano e São Bernardo*. São Paulo/São Caetano do Sul: Hucitec, 1991.

PROFESSOR JOSEMAR. "Lei que inclui a história e cultura afro-brasileira na educação básica faz 20 anos". *Brasil de Fato*, 2 mar. 2023. Disponível em: https://www.brasildefato.com.br/2023/03/02/lei-que-inclui-a-historia-e-cultura-afro-brasileira-na-educacao-basica-faz-20-anos Acesso em: 11 abr. 2024.

QUERINO, Manuel. *Costumes africanos no Brasil*. 2. ed. Recife: Massangana/Fundação Joaquim Nabuco, 1988.

RAMOS, Arthur. *Negro brasileiro: etnografia religiosa e psicanálise*. Recife: Massangana/Fundação Joaquim Nabuco, 1988.

REIS, João José. *Rebelião escrava no Brasil: a história do Levante dos Malês (1835)*. São Paulo: Brasiliense, 1986.

"RELATÓRIO do Terceiro Congresso de Cultura Negra das Américas". *Afrodiáspora: Revista Quadrimestral do Mundo Negro*, São Paulo, v. 1, ano 1, n. 1, jan./abr. 1983.

RIBEIRO, Darcy. *O povo brasileiro: a formação e o sentido do Brasil*. São Paulo: Companhia das Letras, 1995.

RODRIGUES, Raymundo Nina. *Os africanos no Brasil*. São Paulo: Companhia Editora Nacional; Brasília: Editora da UnB, 1988.

SANTOS, Hélio. *A busca de um caminho para o Brasil: a trilha do círculo vicioso*. São Paulo: Senac São Paulo, 2001.

SANTOS, Sales A. dos. "Ação afirmativa e mérito individual". In: *Negro e Educação*. Rio de Janeiro: Anped; São Paulo: Ação Educativa, 2003.

Santos, Sales A. dos (org.). *Ações afirmativas e combate ao racismo nas Américas*. Brasília: Ministério da Educação, Secretaria de Educação Continuada, Alfabetização e Diversidade, 2005.

Sevcenko, Nicolau. *A revolta da vacina: mentes insanas em corpos rebeldes*. São Paulo: Scipione, 1993.

_____. *Literatura como missão: tensões sociais e criação cultural na primeira república*. São Paulo: Brasiliense, 1995.

Silva, Júlio C. da. "Ações afirmativas: história, controvérsias e perspectivas". *Revista Ethnos Brasil: cultura e sociedade*, ano 1, n. 1, mar. 2002, p. 117-27.

Simão, Azis. *Sindicato e Estado*. São Paulo: Dominus, 1966.

Skidmore, Thomas E. *Preto no branco: raça e nacionalidade no pensamento brasileiro*. Rio de Janeiro: Paz e Terra, 1976.

Soares, Sergei. "O perfil da discriminação no mercado de trabalho: homens negros, mulheres brancas e mulheres negras". Rio de Janeiro, Instituto de Pesquisa Econômica Aplicada (Ipea), textos para discussão n. 769, 2000.

Sousa Jr., Vilson Caetano de. *Usos e abusos das mulheres de saia e do povo do azeite: notas sobre a comida de orixá no terreiro de candomblé*. Dissertação (mestrado em Ciências Sociais) — Pontifícia Universidade Católica de São Paulo, São Paulo (SP), 1996.

Toledo, Roberto Pompeu de. *O Presidente segundo o sociólogo*. São Paulo: Companhia das Letras, 1998.

Torrão, Maria M. Ferraz. "Formas de participação dos portugueses no comércio de escravos com as Índias de Castela: abastecimento e transporte". In: Mourão, Fernando A. A. *et al*. (orgs.). *A dimensão atlântica da África*. São Paulo: CEA-USP/SDG-Marinha/Capes, 1997, p. 203-22.

Verger, Pierre. *Fluxo e refluxo: o tráfico de escravos entre o Golfo de Benin e a Bahia de Todos os Santos: do século XVII a XIX*. 3. ed. São Paulo: Corrupio, 1987.

VIANA, Francisco José de Oliveira. *Evolução do povo brasileiro*. São Paulo: Companhia Editora Nacional, 1938.

ZANETTI, Thiago. *Imigração estrangeira sob a ótica do Jornal A Província do Espírito Santo (1882/1889)*. Dissertação (mestrado em História Social das Relações Políticas) — Universidade Federal do Espírito Santo, Vitória (ES), 2007. Disponível em: http://www.redealcar.jornalismo.ufsc.br/cd3/jornal/thiagozanetti.doc. Acesso em: 23 fev. 2009.

leia também

RACISMO E ANTIRRACISMO NA EDUCAÇÃO
Eliane Cavalleiro (org.)

De que forma o racismo se estrutura no cotidiano escolar de crianças e adolescentes? Como a escola pode combater a discriminação e, além disso, promover um ambiente baseado no respeito às diferenças? Assim que foi lançado, em 2001, este livro se tornou um clássico e um guia inspirador para toda uma geração de educadores. É essa premissa que justifica a publicação desta edição revista e atualizada, na qual as autoras se aprofundam nas diversas formas de combater o racismo dentro de nossas escolas. Entre os assuntos abordados estão: a formação de educadores para o combate ao racismo; os pontos de encontro entre educação, cidadania e raça; caminhos práticos para eliminar o racismo na escola; a valorização das raízes africanas na educação; a necessidade de apreender e combater o discurso racista em sala de aula; a construção da autoestima do aluno negro; a literatura infantojuvenil como aliada na valorização do povo preto.

ISBN: 9786599883798

HISTÓRIA DA ÁFRICA E AFRO-BRASILEIRA — EM BUSCA DE NOSSAS RAÍZES
Elisabete Melo e Luciano Braga

Nesta obra, a fascinante história do continente africano e a trajetória dos vários grupos étnicos que migraram para o Brasil antes, durante e depois do processo de escravização são contadas por um jovem estudante. Ao retornar aos bancos escolares e deparar com novas práticas educativas, ele passa a desconstruir e construir conceitos, valorizando sua origem e sua autoestima.

ISBN: 9788587478405